BANG!

Uma Explosão de
MARKETING e PUBLICIDADE

BANG!

Uma Explosão de
MARKETING e PUBLICIDADE

LINDA KAPLAN THALER E ROBIN KOVAL

COM DELIA MARSHALL

M. Books do Brasil Editora Ltda.

Av. Brigadeiro Faria Lima, 1993 - 5º andar - Cj. 51
01452-001 - São Paulo - SP - Telefones: (11) 3168-8242/(11) 3168-9420
Fax: (11) 3079-3147 - e-mail: vendas@mbooks.com.br

Dados de Catalogação na Publicação

Thaler, Linda Kaplan e Koval, Robin
Bang! Uma Explosão de Marketing e Publicidade/Linda Kaplan Thaler e Robin Koval
2006 – São Paulo – M. Books do Brasil Editora Ltda.
1. Marketing   2. Publicidade
ISBN: 85-89384-85-3

Do original: Bang! Getting your Message Heard in a Noisy World
© 2003 Linda Kaplan Thaler e Robin Koval
© 2006 M. Books do Brasil Ltda.
Todos os direitos reservados.

EDITOR
Milton Mira de Assumpção Filho

Produção Editorial
Salete Del Guerra

Tradução
Roger Maioli dos Santos

Revisão de Texto
Mônica Aguiar
Iná de Carvalho

Capa
Design: ERJ (sobre projeto original de Rob Snyder)
Fotos dos autores: Joe Kelsey

Composição Editorial
ERJ Composição Editorial

Página 8, foto por cortesia da BBDO New York; página 9, Getty Images; página 22, © 2002 American Family Life Assurance Company (AFLAC); página 24, 2002 NYTimes Co.; página 25, People Weekly © 2002 Time, Inc., todos os direitos reservados; página 33, foto por cortesia da Wendy's International; página 37, © 1998 Cruz Vermelha Americana; página 44 © 2001 Pilot Pen Corporation of America; página 49 © 2003 DCI Studios; página 57, © 1996 Heineken USA; página 79, © 2000 Parmalat USA/© 2000 Irv. Blitz; página 89, © 2002 Blimpie International, Inc., página 91, © 2003 Reckitt Benckiser, Inc.; página 117, © 1996 Geoffrey, Inc.; página 119, © 2000 Continental Airlines; página 121, Young Clinton H3-02, julho de 1963 Rose Garden, para o crédito da Casa Branca: Consolidated News Photos; página 126, © 1985, Eastman Kodak Company; página 134, © 2003 Verizon Wireless, usado com permissão; página 136, cortesia da Partnership for a Drug-free America ®; página 143, © 2002 C. Elizabeth Watt; página 146, Mr. Potato Head ® & © 2003 Hasbro, Inc., usado com permissão; página 175, © 2001 American Family Life Assurance Company (AFLAC); página 189, © Ruby Tuesday, Inc., 2003, todos os direitos reservados; página 193, © Callard & Bowser-Suchard, Inc., 2003; página 199, a Forevermark é usada sob licença.

Todas as marcas registradas pertemncem a seus respectivos proprietários.

2006
1ª edição
Proibida a reprodução total ou parcial.
Os infratores serão punidos na forma da lei.
Direitos exclusivos cedidos à
M. Books do Brasil Editora Ltda.

Para todos os membros do Kaplan Thaler Group,
cujos extraordinários talentos só são equiparados por seu
espírito sem fronteiras e por seus corações compassivos.
— Linda & Robin

AGRADECIMENTOS

Enumerar todos aqueles a quem gostaríamos de agradecer pela composição de *Bang! Uma explosão de marketing e publicidade* renderia por si só um livro. Afinal, a obra resulta na verdade de incontáveis experiências, parcerias com clientes e anos de relacionamentos em atividades colaborativas. Mas tentaremos agradecer pelo menos a algumas das muitas pessoas que tornaram este livro possível.

Em primeiro lugar, agradecemos a Denise Larson, que apareceu aos saltos em nosso escritório, no verão de 2001, insistindo em que levássemos ao prelo nossa filosofia criativa. Denise, esperamos que os frutos de nosso trabalho façam justiça ao que você imaginou aquele dia.

Agradecemos a Richard Abate, nosso agente literário na ICM, que percebeu antes de todos que nossa idéia do Big Bang criativo serviria de base para um livro de marketing. Ele nunca deixou de nos surpreender com sua criatividade, sua solicitude e sua paixão por nosso trabalho. Nada disso teria ocorrido se você não acreditasse em nós.

Um agradecimento especial a nosso talentoso e dedicado editor na Doubleday, Roger Scholl, e a sua assistente, Sarah Rainone, cujos comentários, acréscimos *e* correções tornaram cada página mais legível, mais fluida e mais inspiradora. Não poderíamos desejar um editor mais gentil e afável. Agradecemos ainda a Meredith

McGinnis, David Drake e Laura Pillar por seu auxílio mercadológico em promover *Bang! Uma explosão de marketing e propaganda*. Somos muito gratas a nossos promotores Barbara Cave Henricks, Mark Fortier e Lynn Goldberg, da Goldberg McDuffie Communications, por sua perícia e seu aconselhamento. Agradecemos à talentosa equipe da ElectricArtists, Marc Schiller, Howie Kleinberg e Ethan Beard.

Queremos agradecer aos muitos clientes, passados e presentes, que nos proporcionaram seu tempo, suas histórias e sua infindável paixão pelos negócios. Aprendemos com vocês todos os dias, e somos eternamente gratas pela oportunidade que nos deram de aplicar as idéias Big Bang a suas marcas e seus consumidores.

Um agradecimento muito especial a Roy Bostock, ex-presidente e CEO do MacManus Group, que acreditou suficientemente no Kaplan Thaler Group para que pudéssemos tomar parte da rede global MacManus/Bcom3. Não estaríamos escrevendo isto hoje sem sua confiança em nosso sucesso potencial. E a Craig Brown, ex-presidente e COO (*Chief Operating Officer*) da Bcom3, e Roger Haupt, presidente e COO da Publicis, hoje nossa empresa detentora, que apreciaram nossos esforços literários desde o ponto de partida. Agradecemos igualmente a Maurice Lévy, CEO do Publicis Groupe, por seu apoio e inspirados depoimentos.

Dizem que um livro não pode ser julgado pela capa, mas, graças ao olho artístico de Rob Snyder, a lâmpada em explosão serve como um vigoroso símbolo visual daquilo que as páginas comportam. Além disso, gostaríamos de agradecer a Whitney Pillsbury, outra brilhante diretora artística da KTG, pela foto 'no limbo' que ela concebeu para a contracapa, e por seu maravilhoso 'anúncio' da KTG no Capítulo 1. Agradecemos a Stuart Pittman e Nikki DeFeo por 'abrilhantar' as páginas de *Bang! Uma explosão de marketing e publicidade* com sua esplêndida direção de arte. Um agradecimento especial também para Joe Kelsey, que tirou não somente as fotos das capas como as nossas fotos pessoais. E um outro a Robin Schwarz, por seu bem-humorado adendo ao fim do livro.

Um agradecimento generoso a Delia Marshall, por toda sua ajuda em co-escrever *Bang! Uma explosão de marketing e publicidade* conosco. Seu talento, humor e energia positiva fizeram desta uma colaboração que jamais esqueceremos.

Um reconhecimento de coração ao mundialmente renomado escritor James Patterson, por seu apoio em nosso livro. Você foi uma inspiração brilhante enquanto dirigiu a agência J. Walter Thompson. E obrigadas a Burt Manning, ex-CEO da Thompson, cujos conselhos foram uma constante fonte de conforto e apoio por mais de 20 anos.

Durante os muitos meses de trabalho neste livro, devemos nossa gratidão a todo o pessoal da Kaplan Thaler, que cedeu seu tempo para nos ajudar na realização da obra. A Fran Marzano e Eneida DelValle, nossos assistentes, por sua dedicação nas altas horas; a Gerry Killeen, diretora administrativa de Serviços Criativos, uma fonte incessante de críticas construtivas; a Lisa Bifulco, chefe de Produção e Difusão em Massa, que ajudou a resolver incontáveis problemas de talento envolvendo o livro; a Ann Garreaud, nossa CFO (*Chief Financial Officer*), por seus conselhos inestimáveis durante nossa incursão por este novo campo; e a Amy Frith, que, com a assistência de Paige Miller, trabalhou incansavelmente para adquirir e processar imagens de que precisávamos desesperadamente. E, claro, agradecemos à designer gráfica Alison Vicidomini, que reuniu as ilustrações para o livro.

Um agradecimento especial a Tricia Kenney, que dirige nosso departamento de Relações Públicas e foi muito além de seu papel ao nos ajudar a concluir *Bang! Uma explosão de marketing e publicidade*. Desde obter depoimentos até verificar referências e agendar conversas e entrevistas, Tricia é uma verdadeira profissional, cujo afinco e determinação asseguraram que tudo fosse sempre bem feito. Agradecimentos adicionais a Greg Davis e Dawn Terrazas, que, juntamente com Tricia, trabalharam intensamente para ajudar a fazer de *Bang! Uma explosão de marketing e publicidade* um sucesso de mercado.

Um agradecimento especial à Dra. Ona Robinson, por seus comentários inestimáveis sobre a psique humana.

Somos gratas a nossos generosos amigos Evan Greenberg, Leslie Jacobus e Joe Rella, da Allscope Media, por nos concederem seu tempo e seus inspiradores conhecimentos da mídia.

A nossas respectivas famílias, Fred, Michael e Emily Thaler, e Bertha e Marvin Kaplan, que são uma mina contínua de conforto e felicidade; e a Kenny e Melissa Koval, cujo apoio mostrou-se inabalável desde o início. Sem o amor de nossas famílias, este seria um livro sem alma.

Finalmente, gostaríamos de agradecer ao cavalheiro que antes de mais nada permitiu que o Kaplan Thaler Group existisse — Steve Sadove, ex-presidente da Clairol e atual vice-presidente da Saks. Dar uma chance a nossa pequena empresa embrionária, então com cinco membros, exigiu coragem e fé, bem como confiança em nossa capacidade de criar um Big Bang para seu negócio.

Esperamos que este livro permita que profissionais de marketing por toda parte façam o mesmo.

Se nos houvermos esquecido de você, queira aceitar nossas desculpas e preencher a lacuna. Nossos sinceros agradecimentos a _____, sem cuja presença este livro não teria sido possível.

SUMÁRIO

CAPÍTULO 1 / PÁGINA 1
O Que É Afinal um Big Bang?

CAPÍTULO 2 / PÁGINA 27
Dispense as Regras

CAPÍTULO 3 / PÁGINA 53
Encolha para o Sucesso

CAPÍTULO 4 / PÁGINA 73
Promova o Caos

CAPÍTULO 5 / PÁGINA 97
Pare de Pensar

CAPÍTULO 6 / PÁGINA 127

O Que Gera um Bang?

CAPÍTULO 7 / PÁGINA 149

O Teatro da Persuasão

CAPÍTULO 8 / PÁGINA 169

Explore as Minúcias

CAPÍTULO 9 / PÁGINA 183

Presuma o Pior

CAPÍTULO 10 / PÁGINA 201

Crie um Universo Fértil

Índice Remissivo / 219

CAPÍTULO

1

O QUE É AFINAL UM

BIG BANG?

Nos dias de hoje não é fácil conseguir que as pessoas o notem. A Era da Informação se converteu na Sobrecarga de Informações. Há mensagens por toda parte: no fundo de buracos nos campos de golfe, em telas de caixas automáticos, e até em mictórios (excelente local para anúncios da Budweiser). Pessoas que olhassem pela janela do avião ao chegar a O'Hare não tinham como evitar o colossal anúncio da Altoids nos telhados. Os engravatados da cidade podem se voltar agora para telões no topo dos prédios, como meio de evitar a sempre temida troca de olhares no elevador. Anúncios adornam xícaras de café, guarda-chuvas, programas de trens metropolitanos, carrinhos de compras, caminhões de entrega, postes de iluminação. Chegamos até a pôr um anúncio no pé desta página.

Como, então, se fazer ouvir? Como sua empresa se conectará ao consumidor?

Você precisa de um Big Bang.

Se você gostou da primeira página, vai ADORAR o resto!
Compre o livro *BANG! Uma explosão de marketing e publicidade* hoje!

Quando o Kaplan Thaler Group iniciou suas atividades, há seis anos, nós sabíamos que os princípios do Marketing 101 não bastariam para dar conta desse dilúvio diário de dados. Havíamos passado quase duas décadas criando campanhas de tremendo sucesso, mas sem saber exatamente por quê. Sabíamos que elas eram muito apreciadas, que faziam contato com o consumidor, que eram lembradas — e que até divertiam. Mas antes de avançar tínhamos de tentar decifrar a ciência por trás de nossas idéias milionárias. Precisávamos entender o que havia de único em nosso modo de pensar e trabalhar. Não queríamos ter a sensação de que a cada nova campanha precisaríamos reinventar a roda.

Robin, que passa as horas vagas lendo livros que poderiam encabeçar a lista de leituras avançadas da Mensa, estava fuçando em cosmologia na época. "E quanto ao Big Bang?", sugeriu-me ela um dia. "Não é o tipo de trabalho que fazemos para nossos clientes?" OK, mas publicidade não é astronáutica. Pode parecer um grande salto da Física para a promoção de xampus, mas, quanto mais pensávamos a respeito, mais parecia ser esta a analogia correta. Afinal de contas, nossas melhores idéias vêm com freqüência de eventos aparentemente casuais; trabalhamos em um ambiente similar a uma panela de pressão, e nosso trabalho, uma vez liberado, tende a se expandir exponencialmente em meio à cultura. E assim, à revelia da Fundação Nobel, na Suécia, a Teoria KTG do Big Bang foi desenvolvida.

E funcionou. Um Big Bang foi responsável por quase dobrar o crescimento anual de vendas da companhia de seguros Aflac. Um Big Bang converteu o Herbal Essences de um xampu quase extinto em uma marca mundial de 750 milhões de dólares. A teoria do Big Bang catapultou o Kaplan Thaler Group de uma pequena empresa em um sobrado interiorano para a agência de mais rápido crescimento entre as 100 melhores dos Estados Unidos. Começando com meros US$ 27 milhões em negócios em 1997, temos hoje um rol de clientes fiéis que movimentam mais de US$ 450 milhões.

O que, então, vem a ser um Big Bang nos negócios? Mais precisamente, como converter sua empresa em uma fabricante de Big Bangs? Primeiro, vamos retroceder — retroceder um *booom* tempo.

No início, há, digamos, 15 bilhões de anos (tire ou ponha alguns dias se contar os anos bissextos), não havia planetas, estrelas ou galáxias. Só havia vazio (pense na recente programação de outono da rede ABC). Esse estado de não-ser poderia ser imaginado como uma pacífica serenidade, vazia de tudo, exceto... do vazio. Nada mais distante da verdade. Com efeito, essa *tábula rasa* fremia com "toda a energia reprimida de uma explosão primordial", nas palavras do físico Trinh Xuan Thuan, em *The Birth of the Universe: The Big Bang and After* (O Nascimento do Universo: O Big Bang e Depois). Mas você provavelmente não veria essa atividade toda, já que ela ocorria em um espaço diminuto, minúsculo, com um diâmetro de cerca de 1/3000 de polegada (dimensão difícil de conceber, a menos que você já tenha alugado um estúdio). E era quente, mas quente mesmo, com 10^{32} graus Kelvin — não dava para vestir nem fio dental.

E então, num clique cósmico, o universo inteiro eclodiu em cena, liberando para todos os lados partículas elétricas, fótons e outros tipos de matéria. A matéria gerada era neutralizada pela antimatéria, mas por sorte havia mais matéria que antimatéria, ou seríamos hoje o oposto do que somos.

Mas o universo não parou por aí. Ele se expandiu e expandiu e expandiu. Gerou estrelas e planetas e buracos negros, e expeliu por fim bilhões e bilhões de outros universos. Com o tempo, certas combinações químicas deram origem a organismos biológicos rudimentares, principiando pela mais simples ameba e avançando para formas de vida tão complexas como encanadores e vendedores de carros usados. Para aqueles dentre vocês que cabulavam as aulas de Física e iam fumar Marlboro atrás das quadras de tênis, este foi o Big Bang original.

Bem, um Big Bang no mercado é similar, exceto por uma ou duas galáxias. *The Real Thing*. imac. *Just Do It*. Gucci. Martha Stewart. *The Sopranos*. Starbucks. Todos esses são Big Bangs. Todos surgiram como idéias e progrediram em pouco tempo para tomar conta do universo cultural. No início da década de 90, por exemplo, a Gucci era uma pequena fabricante que estava em desacordo com a comunidade da moda. Ela promoveu então um estilista iniciante chamado Tom Ford. Hoje a Gucci é um sinônimo global de moda.

Nossa teoria do Big Bang teve tanto sucesso que nós a acreditamos feita sob medida para qualquer empresa que tencione aumentar exponencialmente sua participação de mercado.

Por que sua empresa precisaria de um Big Bang? Um Big Bang serve para ajudar a explodir uma marca no mercado, virtualmente da noite para o dia. Neste mundo de prazos contraídos e concorrência global, ninguém tem muito tempo para se fazer entender. Muitos clientes são empresas de capital aberto, o que significa que vivem num mundo de 90 dias, sob imensa pressão para produzir resultados antes da próxima declaração trimestral de renda. Um Big Bang gera um universo sempre expansivo para um produto, e converte usuários ocasionais em adeptos ferrenhos. Um Big Bang atravessa o acúmulo de ruído e faz com que as pessoas se sentem e prestem atenção. Um Big Bang o ajuda a realizar a venda, fechar o acordo, acertar a turnê *agora*. Eis por quê:

BIG BANGS DESCOMPÕEM. A bem dizer, as idéias Big Bang consistem em roubar a cena. São idéias demasiado ousadas, diferentes e polarizadoras para passarem despercebidas.

Existe um mar de mesmice lá fora. Estamos atolados em produtos e serviços. Não se pode ir a lugar algum sem ver as mesmas marcas sonolentas vezes e vezes seguidas. Pegue a estrada da praia na Califórnia e você topará com um centro comercial com Gap, Barnes & Noble, Old Navy, The Home Depot, Bed Bath & Beyond e um posto de gasolina. Passe alguns semáforos, e será a mesma coisa outra vez. O último fast food era um MacDonald's ou um Burger King? E quem ainda consegue apontar a diferença?

Em uma viagem recente a Hong Kong, Robin, que nunca perde uma oportunidade de compras, voltou com — nada. "Lá estava eu, naquela cidade exótica, a meio mundo daqui", ela me disse ao retornar. "Saí pela porta do hotel, pronta para me abarrotar de artigos típicos do Extremo Oriente, e só o que vi foram anúncios da Gucci, da Chanel, da Escada. Qual a graça de voltar com isso tudo para Nova York?" Ocorre simplesmente que Hong Kong é idêntica a Nova York, exceto por ter menos restaurantes chineses.

Um Big Bang evita a sabedoria convencional e pára as pessoas no caminho. De acordo com a revista *The Economist*, as pessoas vêem mais de 3 mil mensagens por dia, mas, como espaguete cozido, somente umas poucas se prendem à parede. Como resultado, ninguém fica na ponta dos pés esperando para ouvir o que você tem a dizer. Você precisa descompor o paradigma estabelecido para se destacar.

Permita-nos dar-lhe um exemplo de uma campanha recente que fez muito sucesso, sobretudo por ter sido inusitada. Nas semanas que se seguiram aos ataques contra o World Trade Center, quando turistas estavam se arrancando de Nova York às manadas, Phil Dusenberry, ex-presidente da BBDO North America, e Ted Sann, diretor de criação da BBDO New York, colaboraram na direção de uma campanha para convencer as pessoas a voltar para Nova York. "A equipe da BBDO partiu da idéia de que todo mundo tem um sonho com Nova York", recorda Dusenberry. "E nós queríamos dizer: 'Venha descobrir o seu'."

Só levou um dia para que a equipe da BBDO desenvolvesse uma campanha chamada "O Milagre de Nova York", apresentando celebridades que realizavam seus sonhos: Woody Allen patinando no Rockefeller Center ("Vocês não vão acreditar", diz Allen, resfolegante, após uma série de voltas e rodopios, "mas esta foi a primeira vez que patinei no gelo!"). Henry Kissinger percorrendo as bases do Yankee Stadium ("Derek quem?"). Barbara Walters fazendo um teste na Broadway. Billy Crystal e Robert De Niro discutindo para saber quem será o peru e quem será o peregrino na Parada de Ação de Graças da Macy.

"Sabíamos que tínhamos uma boa idéia", disse Dusenberry, "mas não sabíamos que ela ia decolar feito um foguete". Momentos depois que o prefeito Giuliani apresentou os comerciais à imprensa na prefeitura de Manhattan, Dusenberry recebeu uma ligação de Brian Williams, da MSNBC. Williams disse: "Se você vier ao meu programa hoje à noite, apresentarei cada um de seus comerciais, do início ao fim". E Dusenberry foi ao programa. A maioria das difusoras acabou cedendo espaço para mostrar os comerciais. Eles foram exibidos em países por todo o mundo, até mesmo no distante Japão. Rudy Giuliani, em seu livro *Leadership* (Liderança), atribui à campanha o mérito de ter restaurado o espírito de Nova York e trazido de volta pessoas de todo o mundo.

A campanha foi inovadora porque exibiu celebridades que costumeiramente recusam todas as propostas para figurar em comerciais. Mas, igualmente importante, os comerciais roubaram a cena. Em uma época de pesar nacional e de medo da cidade, eles recorreram a um inesperado humor nova-iorquino para chamar a atenção.

BIG BANGS SÃO ILÓGICOS. Edward De Bono, pai do pensamento lateral, observou que a resolução de problemas requer que abandonemos os processos de pensamento lógicos e convencionais e rearranjemos e reavaliemos o *status quo*. Muitas vezes a razão por que não desenvolvemos soluções melhores para problemas é simplesmente o fato de que a solução atual parece servir. "Por que vou querer um videocassete se o cinema é ali na esquina?" pode ter sido a resposta dada ao engenheiro da SONY que projetou o primeiro vídeo doméstico. Se admitirmos em nosso pensamento uma certa ilogicidade, contudo, poderemos romper a prisão das convenções atuais. De um modo ou de outro, você precisa acolher a idéia de que, qualquer que seja o seu negócio, o curso de ação mais ilógico é com freqüência a coisa mais lógica a fazer.

WOODY ALLEN REALIZANDO HILARIAMENTE SUA FANTASIA DE PATINAR NO GELO DURANTE A CAMPANHA "O MILAGRE DE NOVA YORK".

Muitos ícones americanos são produtos perfeitamente ridículos se você os considerar logicamente. Pense nas camionetas esportivas. Por que alguém ia querer dirigir um carro grande demais para a garagem, que suga gasolina e capota quando se faz uma curva rápido demais? É totalmente ilógico que tipos urbanos de colarinho branco e mães corujas queiram dirigir camionetas de peão. Todavia, quando você converte seu pensamento da 'lógica' dos veículos como meios de transporte para a 'ilogicidade' dos veículos como fantasias, é fácil perceber que, em um mundo em que nos julgamos muitas vezes pequenos e despercebidos, um bloco de ferro de cinco toneladas faz com que nos sintamos importantes e impossíveis de ignorar. As camionetas são totalmente ilógicas, mas são o projeto automotivo mais popular das últimas décadas.

O QUE É AFINAL UM BIB BANG?

SE É POSSÍVEL VENDER ÁGUA ÀS PESSOAS, QUALQUER COISA ESTÁ NO PÁREO.

    E quem teria previsto o sucesso da Starbucks? Durante anos, nosso anseio por cafeína foi aplacado com visitas de meio dólar ao restaurante local. E então aparece um lugar com bebidas tais como o 'mocha malt frappuccino', e não há fila, por longa que seja, que nos impeça de dispensar risonhamente cinco dólares pela xícara. E por esses cinco dólares não há nem mesmo um garçom para completar a dose. Além disso, eles têm a audácia de chamar a menor de suas xícaras de *Tall* (Alta), talvez na esperança de que você não perceba o excesso que pagou por ela. E, todavia,

9

notavelmente, a Starbucks passou de 17 lojas em 1987 para quase 5 mil em 2002. Não impressiona que se chame StarBUCKS*.

Há 27 anos, se você elaborasse um plano de negócios para ganhar dinheiro vendendo água, morreria de sede esperando a aprovação do empréstimo. Durante anos e anos as pessoas simplesmente abriram a torneira e beberam. De graça. E então surgiu a Perrier. Algum gênio francês pensou: "Ora, vou encher uma garrafa de água e vendê-la a esses americanos". E, de súbito, todos nos convencemos de que água cara nos torna melhores, mais saudáveis, mais sagazes e mais sofisticados. Essa é a coisa mais ilógica que se pode pensar! "O que virá depois?", você perguntará. Ora, há cidades por todo o país em que barras de oxigênio são oferecidas ao respirador de bom senso. Exatamente do que precisamos, mais cabeças-de-vento!

Tanto a Starbucks como a Perrier empregaram idéias elegantemente simples — uma xícara de café e um copo de água — de maneira totalmente surpreendente: exploraram nossa complexa necessidade de nos sentir mimados e especiais. O cientista Stephan Wolfram, autor de *The Foundation for a New Kind of Science* (A Fundação de um Novo Tipo de Ciência), observa: "Sempre que se descobre um fenômeno aparentemente complexo, presume-se que ele deve resultar de um mecanismo subjacente igualmente complexo. Minha descoberta, no entanto, é que programas simples podem produzir grande complexidade".

A beleza das idéias de marketing Big Bang está no fato de não exigirem um *Deep Blue* nem uma sala cheia de doutores. Só requerem a visão para perceber que pouquíssimas coisas são exatamente o que parecem. Você deve esquecer o que faz sentido e abrir sua mente para a verdadeira razão por que uma marca ou produto particular chama a atenção. O pensamento ilógico subentende que, ao lhe pedirem que promova uma garrafa de água, a água é a última coisa em que você deve pensar. Idéias de marketing ou publicidade notáveis e explosivas só assomam à superfície quando todos na empresa estão dispostos a rejeitar o que funcionou no passado e abraçar esse tipo de pensamento contra-intuitivo.

BIG BANGS TÊM UM EFEITO DRÁSTICO, IMEDIATO E IRREVERSÍVEL. Idéias de marketing Big Bang descompõem por serem 'descontinuamente inovadoras'. Elas rejeitam a noção de pensamento incremental

---

* Bucks, em inglês, é gíria para dinheiro. (N. do T.)

ou evolucionário e procuram em seu lugar soluções que mudem caminhos. Alteram de forma definitiva o ambiente, engendrando um modo de pensar sobre produtos e serviços até então inexistente, que transforma todo o nosso padrão de comportamentos e atitudes a esse respeito.

Foi exatamente esse tipo de pensamento que promoveu uma brilhante jogada de marketing da Mattel no início dos anos 80. Por essa ocasião, a Barbie era habitante permanente do quarto de qualquer menina. Essa saturação, naturalmente, trouxe grande consternação à Mattel, que percebeu que suas vendas futuras dependeriam de meras roupas e acessórios. E então Jill Barad, na época um gerente subalterno de produtos, apareceu com a idéia descontínua de que a Barbie podia ser várias pessoas diferentes ao mesmo tempo. Ela podia ser uma executiva de estilo, uma dançarina ou uma patinadora, e as garotinhas podiam ter tantas quantas seus corações (e as carteiras paternas) desejassem. Essa novíssima maneira de comercializar a Barbie converteu a criatura de um produto de US$ 200 milhões em uma marca de US$ 1,9 bilhão.

O FedEx é outro grande exemplo de inovação descontínua. Antes dele, você aguardava — e aguardava — que sua correspondência chegasse. Se levasse cinco dias para que um importante documento de negócios fosse entregue, o que você faria? Ele estava simplesmente 'a caminho'. O FedEx mudou totalmente esse comportamento. Magicamente (para o desalento daqueles entre nós que tiveram de trabalhar doentes para pôr em dia a negligenciada organização interna), o relatório preparado em Houston na noite de terça chega a Cincinnati na manhã de quarta. (A Internet, evidentemente, foi um passo a mais nesse processo.)

Produzir uma inovação descontínua requer que você deixe de pensar nos problemas da situação atual e do efêmero dia-a-dia e sonhe com a situação ideal. Ted Turner, um famoso inovador descontínuo, foi chamado de louco ao aventar a idéia de um canal de notícias 24 horas, com correspondentes por todo o mundo. Como isso ia ser feito? Quem poderia criar uma rede dessas do nada? Custaria milhões e levaria uma eternidade. Além disso, ninguém quer ver notícias 24 horas por dia, e, francamente, não há notícias para tanto. Ted considerou esses problemas meros tecnicismos, e se ateve a seu sonho. Ele se concentrou no ponto final (e não nos degraus do caminho) e adivinhe só! A CNN é talvez a principal razão para que o jornalismo impresso esteja se engalfinhando para sobreviver.

Para que uma campanha de marketing tenha o impacto que tiveram a CNN e o FedEx em nossa cultura, você precisa ter a coragem de desenvolver uma abordagem totalmente nova para o problema em mãos.

Veja o sucesso das novas vassouras Swiffer, da Procter & Gamble. Sim, a tecnologia é impressionante: os produtos Swiffer não se limitam a empurrar impurezas, mas as atraem, o que faz de suas almofadas descartáveis verdadeiros ímãs de sujeira. Mas o pessoal de marketing precisava de uma idéia inovadora para convencer os compradores a se livrar em massa de suas acalentadas vassouras. À primeira vista, um novo tipo de vassoura dificilmente parece uma compra obrigatória. Foi em uns poucos grupos de estudo, diz Robert McDonald, presidente da divisão de artigos domésticos, que a P&G finalmente descobriu o que procurava: sempre que começavam a falar da nova Swiffer, as pessoas sorriam. Isso levou à ilógica campanha de marketing de que a limpeza podia ser *divertida*. A P&G trabalhou cuidadosamente no visual, diz McDonald, assegurando "que ele fosse bonito, atraente e instigante".

A partir dessa primeira pesquisa, a P&G descobriu que, uma vez que o consumidor usasse uma Swiffer, seria fisgado. Com isso, assolaram o país com demonstrações em lojas e cupons de desconto — todos baseados na premissa de que 'swifferar' é mais divertido do que 'limpar'. A jogada de marketing teve imenso sucesso, e hoje os produtos Swiffer são responsáveis por US$ 800 milhões em vendas. Com a Swiffer, a P&G virtualmente inventou uma nova categoria de produtos nos Estados Unidos — a chamada 'Limpeza Rápida' —, e hoje, com a campanha "Pare de limpar e comece a Swifferar", o conceito expandiu-se para espanadores e esfregões molhados.

BIG BANGS NÃO PODEM SER IGNORADOS. Idéias Big Bang são intensas. São intencionalmente polarizadoras. Você acaba tendo uma posição a seu respeito. São gorilas de 300 quilos em uma sala. Devem ser encaradas. Obrigam-nos a ter opiniões. Sim, há gente que acha incômodo o pato Aflac e seu *quack* incessante. Isso nos satisfaz incrivelmente. Sim, certas organizações conservadoras criticaram o conteúdo sensual dos comerciais do Herbal Essences. Nossa resposta? *Batam com força!*

Se você tiver uma idéia que ninguém detesta, todos a esquecerão. Pense nisso. Ninguém detesta baunilha — mas ela pode ser comprada de qualquer um em qualquer lugar. Mas converse com um conhecedor de sorvetes sobre seu sabor favorito, e ele talvez falará poeticamente de sair cinco quilômetros de seu caminho para comprar uma casquinha de três dólares no Ben & Jerry's Phish Food.

Porém, os Big Bangs são percebidos não somente por serem heterodoxos. Também vêm a calhar para o momento. O oportunismo é essencial sempre que uma mensagem, idéia, serviço ou proposta é lançada no mercado. Howard Schultz, presidente da Starbucks, sabia que o momento era propício para instalar um café de estilo europeu em cada esquina. Sua descoberta foi perceber que seu produto não tinha nada a ver com café. Tinha a ver com a experiência. Com um local de encontro. Com pequenos prazeres em um mundo sem espaço para os grandes. Como fazer que a pessoa se sinta rica não somente por ter dinheiro para um café de US$ 3,50, como também para a gorjeta do rapaz que depois nem vai arrumar a desordem.

Eis aqui outro exemplo do oportunismo de um Big Bang. Em 1968, a Boeing perdeu a concorrência de um grande contrato envolvendo o projeto de jatos militares. Eles resolveram não desperdiçar o trabalho feito, remexeram um pouco o projeto e converteram o jato num avião de passageiros. A maioria dos especialistas em aviação da época achou que um grande jato de passageiros seria uma perda de tempo: todos acreditavam que a era supersônica estava prestes a ter início, e que o Concorde logo reinaria nos céus, segundo nos informa Clive Irving em *Wide-Body: The Triumph of the 747* (Corpanzil: O Triunfo do 747). Mas a Boeing apostou no fato de as massas estarem dispostas a voar imediatamente.

O 747 mostrou-se o mais bem-sucedido veículo aeronáutico jamais criado. Primeiro jumbo do mundo, ele revolucionou as viagens, permitindo que as pessoas cruzassem longas distâncias por um preço acessível. Seu predecessor foi o 707, o primeiro jato de passageiros da Boeing, que revolucionou as viagens internacionais a jato, embora com tarifas além do alcance de muitos viajantes. O 747 relegou literalmente ao passado a classe dos privilegiados a jato. É por essa razão que qualquer um de nós já tomou seus ponches de rum nas praias caribenhas.

BIG BANGS SE TORNAM ÍCONES. Há por aí toda uma multidão de marcas e produtos de sucesso, reconhecíveis em qualquer lugar e lucrativos até o talo. Mas os que realmente superam a concorrência se alçaram ao estatuto de ícones. Eles superaram sua função pragmática e passaram a desempenhar um papel na vida das pessoas. Tais marcas satisfazem alguma necessidade ou desejo do homem, o que eleva exponencialmente seu valor de mercado.

Quando dirige um Lexus, por exemplo, você se encontra em um automóvel suntuoso e de visual impecável. Mas ponha-se atrás do volante de um Mercedes-Benz, e já terá 'chegado' antes de sair da garagem. Ter um Mercedes é um símbolo de sucesso financeiro, de *status* social elevado, da aceitação irrestrita no mais esnobe dos clubes de campo. Durante as bodas de prata, compre para sua esposa brincos de diamante na Zales Jewelers, e ela ficará lisonjeada. Mas, se em vez disso você lhe der aquelas abotoaduras acomodadas na clássica caixa azul da Tiffany, os olhos dela refulgirão de adoração, e você talvez nunca mais tenha de pôr o lixo para fora. Um diamante da Tiffany é um símbolo de amor eterno, rivalizado somente pelo júbilo que experimentam os donos da loja quando alguém compra jóias a preço de revenda.

Um dos maiores ícones do mundo de hoje é certamente a Kodak, em grande parte porque George Eastman tinha uma idéia muito clara de como causar um Big Bang no mercado fotográfico. Embora jamais houvesse concluído a faculdade, Eastman deu ao mundo sua primeira câmera simples em 1888, registrando-a sob o nome Kodak. Ele mesmo concebeu o nome, começando com a letra K porque sua mãe se chamava Kilbourn. Era um apreciador de anagramas, e após experimentar uma série de combinações de letras, chegou a Kodak. Combinando essa palavra decisivamente sonora com o amarelo e o vermelho — considerada uma das mais vibrantes e intensas misturas de cores —, ele em um átimo fez com que a logomarca fosse fácil de reconhecer.

Mas não tardou para que George Eastman desse a seu rolo fotográfico um papel muito mais profundo em nossa cultura. Sua primeira câmera foi vendida a dez dólares, o que estava fora do alcance das pessoas comuns. Então, em 1900, a Kodak saiu-se com a Brownie, de um dólar, uma versão mais simples e mais barata do original. Logo todo mundo nos Estados Unidos estava tirando fotos. A Brownie foi um tal sucesso, na verdade, que deu a Eastman a oportunidade de provocar um genuíno Big Bang no mercado.

Em 1930, no trigésimo aniversário da câmera Brownie, pôsteres por todo o país diziam: "Pais! Filhos! Esta câmera vai grátis para qualquer criança nascida em 1918!" Quinhentas mil crianças que fizeram 12 anos naquela época ganharam da Kodak uma câmera Brownie. Essa jogada radical e arriscada de marketing fez com que as gerações seguintes ficassem vidradas em tirar fotos. Milhões de famílias passaram a preservar seus momentos mais preciosos para as décadas futuras. A Kodak se tornou a contadora de histórias dos Estados Unidos, e vem preservando os melhores "tempos da vida" há mais de cem anos.

BIG BANGS SOFREM UMA EXPANSÃO CONTÍNUA. A Terra continua girando, assim como as idéias Big Bang. Embora devam ater-se a seus ideais filosóficos primordiais, elas têm de ser constantemente remodeladas e reajustadas para acompanhar o ritmo eclético de nosso mundo evolucionário.

Em 1989, o coelhinho Energizer entrou em cena, causando estragos enquanto marchava alegremente por uma série de comerciais de araque. Com a idéia básica de que a pilha Energizer durava mais que qualquer outra, cada comercial começava como um anúncio típico, somente para ser interrompido por um coelhinho tamborileiro que não parava nunca de tocar. O coelho Energizer se tornou o símbolo quinta-essencial da longevidade e persistência, e sua popularidade praticamente superou a de qualquer outra personalidade bípede de sua era.

Mas seu estatuto de ícone como realizador consumado não parou nos 115 comerciais que ele estrelou. Por mais de uma década, o coelho Energizer tocou seu tambor em incontáveis eventos comunitários por todo o país, inflou-se para se tornar o maior balão de ar quente do mundo e até mesmo apontou seu pequeno e sortudo pé de coelho no ciberespaço.

O coelho Energizer foi eleito um dos dez maiores ícones publicitários do século XX pela *Advertising Age*, por ser um símbolo adaptativo que segue "em frente e em frente e em frente".

Uma das campanhas de maior sucesso que o KTG desenvolveu tinha todos os ingredientes mencionados acima. Ela sacudiu as penas de toda uma categoria, já que os comerciais eram impossíveis de ignorar. A campanha criou um ícone representando todos aqueles dentre nós que sentem que não são ouvidos. Era o Big Bang quinta-essencial. Na verdade, estava mais para um...

Big Quack

Numas férias urticantes e infestadas por mosquitos durante o verão de 1999, decidi dar uma pausa nos esboços e verificar meu correio de voz. Enterrada entre as demais mensagens estava a de uma mulher com sotaque do sul dos Estados Unidos. Ela dizia ser da Aflac, uma companhia de seguros. Aflac. Aflac? Nunca tinha ouvido falar. Provavelmente alguma empresa local nanica que precisava de ajuda em um anúncio impresso ou coisa do tipo, pensei comigo. Recebo punhados de tais ligações todas as semanas, e não dei muita bola. Transferi logo a ligação para Robin, cuja memória fotográfica consegue reter o tamanho das guelras de um baiacu. Robin ouviu a mensagem da mulher sulina e pensou: "Aflac. Aflac? Nunca ouvi falar".

Normalmente, as agências de publicidade se animam quando os clientes vêm oferecer seus negócios. Neste caso, contudo, ninguém na empresa jamais tinha ouvido falar do cliente, o que significava que seu orçamento caberia talvez em um porquinho de moedas. E estava tentando vender *seguros*. Nem de longe o sucesso que procurávamos. Todavia, como o KTG tem sólidos princípios éticos, todas as chamadas são respondidas (certa vez uma operadora de telemarketing da Verizon quase teve um choque quando lhe telefonamos em resposta). Robin ligou para a mulher sulina.

Ela se descobriu conversando com Kathelen Spencer, vice-presidente executiva e diretora de relações corporativas da Aflac, empresa sediada em Columbus, na Geórgia. Spencer era cortês, ponderada, envolvente e totalmente polida. Em seu cativante estilo sulista, ela disse a Robin que uma amiga comum recomendara o KTG como uma agência que traria alguma notoriedade à Aflac. Teríamos interesse em uma reunião para conversar?

Em seu sotaque nova-iorquino, bem menos sedutor, Robin tentou descobrir, com o máximo de tino, que raio afinal era essa Aflac.

Ela acabou por descobrir que a Aflac vendia algum tipo de seguro suplementar. Spencer disse que a empresa vinha fazendo anúncios há dez anos, mas sentia que não estava obtendo a notoriedade merecida ("mas não está mesmo", pensou Robin). "Sabemos que os seguros são uma categoria difícil, que não são atraentes e que as pessoas não gostam de pensar sobre isso", ela prosseguiu. A Aflac procurava uma empresa como o KTG — pequena, um tanto ousada, altamente criativa — para aparecer no mapa.

Ótimo. Outra empresa anônima com orçamento reduzido que deseja que transformemos magicamente seus rendimentos. De qualquer modo, o novato KTG não estava em condições de rejeitar negócios. Robin disse a Spencer que adoraríamos saber mais sobre sua empresa e estávamos muito dispostos a nos reunir com sua equipe.

"Só mais uma coisa", Robin perguntou. "Qual a verba que vocês pensam destinar aos anúncios?"

No mundo da publicidade, qualquer coisa abaixo de US$ 5 milhões é considerado fichinha. Robin suspeitava que aquela educada senhora da Aflac não estaria disposta a investir mais de 2 ou 3 milhões — o que mal bastaria para um punhado de cartazes. Melhor esclarecer de vez a questão do dinheiro.

"Bem", respondeu com decoro Spencer, "no último ano investimos 40 milhões".

Robin quase soltou o telefone. Duas idéias surgiram de imediato em sua mente: 1) Rapaz, essa gente precisa de outra agência? e 2) Não posso deixar que fale com mais ninguém!

Marcaram um encontro para dali a dois dias, e Robin desligou. Ela acionou imediatamente as tropas do KTG para descobrir com quem exatamente estávamos lidando. A Aflac, como logo descobrimos, era uma empresa da *Fortune 500* de extremo sucesso, que negociava intensamente na bolsa de Nova York. Empregadores por todo o país oferecem os seguros da Aflac entre seus benefícios trabalhistas para dar conta de lacunas nos seguros tradicionais de saúde, como a cobertura de itens dedutíveis e da perda de poder aquisitivo. Basicamente, os seguros da Aflac são para ferimentos mortais ou doenças catastróficas como o câncer. Ela é a maior fornecedora desse tipo de seguro suplementar em todo o mundo.

Quando nos contatou, a Aflac vinha trabalhando há anos com a mesma agência. Mas os comerciais eram lugares-comuns do setor de seguros, vinhetas piegas tão calorosas e fofinhas quanto um marshmallow: "Por que você precisaria deste seguro? [...] Porque ele tem os olhos da mãe". Eram formais, acalentosos e emotivos, exibindo crianças e famílias bonitinhas. Mas era isso o que todas as companhias de seguros vinham fazendo, e, como resultado, a Aflac acabava se misturando à floresta. E seus 40 milhões — por maior que seja a cifra — eram café pequeno se comparados ao orçamento da Allstate ou da MetLife.

Nossa investigação de duas semanas revelou que a Aflac gastara na casa dos cem milhões de dólares em anúncios nos anos anteriores. *Mas ninguém tinha ouvido falar deles.* Para uma agência publicitária com apenas um ano nas costas, essa era uma imensa oportunidade.

Vamos nos mandar então para Columbus, Geórgia, para encontrar o pessoal da empresa. Descobrimos que a Aflac é uma companhia de origem familiar dirigida por Daniel Amos, presidente e CEO, filho de um dos co-fundadores. Amos coordena todas as operações com uns poucos tomadores de decisões. É tão amistoso e cativante quanto possível, mas por baixo daquele comportamento caseiro da Geórgia oculta-se uma mente brilhante.

O que Amos desejava que seus anúncios comunicassem? Bem, diversamente de muitos clientes, que exigem que seus anúncios de 30 segundos contenham mais informações do que o mapa genético de uma mosca da fruta mediterrânea, Dan Amos só tinha um pedido: queria apenas que as pessoas se lembrassem do nome de sua empresa. Dez anos de publicidade e ninguém sabia ao menos quem eram ou o que faziam! Amos viajava pelo país, segundo nos disse, e as pessoas nunca conseguiam apresentá-lo corretamente.

Era esta a proposta: tínhamos de apresentar quatro comerciais possíveis. Eles seriam comparados com quatro outros criados pela agência com que então trabalhavam. Quem atingisse a maior pontuação ganharia.

Perguntei a Amos se não havia algo que ele gostaria de ver na campanha. Não queria impor limites a nossa criatividade? "Não", respondeu prontamente. "Não quero me envolver de modo algum no processo criativo." Fiquei aturdida. Em publicidade, isso é o mesmo que uma criança dizer que prefere pular o Natal para fazer um pouco mais de lição de casa. Isso era especialmente notável pelo fato de esse sujeito dirigir uma empresa que vende seguros contra câncer — um campo delicado, para dizer o mínimo.

Eu precisava assegurar que o entendera corretamente. No final da reunião, olhei diretamente para Amos e perguntei com cautela: "Você aceitaria humor?". Amos inclinou-se sobre a mesa, encarou-me diretamente e respondeu: "Não me importa se você tiver de mostrar um sujeito nu dançando no telhado. Não me importa *o que* você faça, desde que consiga que as pessoas conheçam o nome desta empresa".

Anuí com a cabeça e reuni minhas coisas, assegurando-lhe prontamente que poderíamos criar anúncios que fariam da Aflac uma marca célebre.

A verdade é que, exceto mudando o nome da empresa para Tide, não tínhamos a menor idéia de como fazer da Aflac uma marca célebre. E sendo Aflac o esquecível acrônimo de American Family Life Assurance Company (tente dizer isso três vezes sem torcer a língua), a tarefa só ficava mais difícil. Mas o pessoal da nossa empresa tem uma confiança fervente em nossos talentos coletivos. Cada um de nós estava confiante de que o outro ia ter uma idéia fabulosa.

Tínhamos seis semanas para dar cabo da tarefa. E então foram cinco semanas, e quatro, e três e finalmente duas semanas esbaforidas para que descobríssemos um arrasa-quarteirão. Claro que estávamos trabalhando. Pensamos em anúncios sentimentais, depoimentos de celebridades, porta-vozes espertos e todo tipo de coisa.

Poucos dias antes de encerrar-se o prazo, Tom Amico e Eric David (uma de nossas talentosas duplas de criação), convencidos de que ainda não havíamos topado com a coisa, continuavam trabalhando. "Todas as vezes que tínhamos uma idéia para uma campanha — mesmo uma campanha de que gostássemos —, dizíamos: 'Mas você vai lembrar de quem é a campanha?', recorda-se Tom. "Todos já tínhamos visto comerciais do Super Bowl que eram bons e até mesmo ótimos, exceto quando se tratava de lembrar de quem eram."

Eric saiu para comer alguma coisa e passou a hora seguinte contornando o quarteirão e repetindo mentalmente o mesmo nome. Ele ficava cada vez mais frustrado ("Por que, entre todos os nomes que as pessoas deveriam lembrar, justo *Aflac*?", ele recorda haver pensado.) Começou a dizer a palavra em voz alta. Na Fortieth Street, bem em frente a uma loja de roupas de dez dólares, enquanto dizia "Aflac!" com voz exasperada, ele se deu conta de que parecia um pato. E correu de volta ao escritório.

Tom, que não havia saído, olhou de súbito para a frente e viu Eric sobre sua prancheta, segurando um lanche embalado para viagem. Eric disse "Aflac!" com uma entonação nasal, imitando um pato grasnando. Enquanto olhavam um para o outro, "nossos olhos ficaram maiores do que o escritoriozinho em que estávamos", recorda Tom.

Ele voltou para o computador, e escreveram o primeiro comercial do pato Aflac nos cinco minutos seguintes.

O comercial se chamava "Park Bench" (Banco no Parque):

Dois homens de negócios sentados no banco de um parque durante o almoço, jogando migalhas de pão para um bando de patos. Passa um sujeito de bicicleta. Em seguida ouve-se um ressonante estrondo e vê-se a bicicleta capotada a distância.

Primeiro homem: Rapaz, quando me machuco e falto ao serviço, felizmente tenho seguro suplementar.

Segundo homem: Seguro suplementar? O que é isso?

Um dos patos: Aflac.

Primeiro homem: Bem, nem mesmo o melhor seguro oferece cobertura para coisas como a perda salarial e outras despesas. Este oferece.

Segundo homem: Este qual?

Pato: Aflac!

Primeiro homem: Você devia se informar no serviço.

Segundo homem: Mas qual é o nome?

Pato: Aflac!!!

O primeiro homem se detém, e encolhe os ombros: Eu não sei.

O segundo atira uma migalha para o pato. Este resmunga, atira a migalha de volta e balança a cabeça, frustrado.

No momento em que Eric e Tom me mostraram um esboço do anúncio, tive arrepios. Isso é usualmente um bom presságio.

Mas nem todos perceberam de imediato a conveniência de um pato porta-voz. Mostrei o anúncio a Robin e Gerry Killeen, nossa diretora administrativa de assuntos criativos. Ambas ficaram consternadas.

Gerry virou-se para mim e disse: "Você não pensaria em mostrar isso ao cliente, não é?"

"Ora, acho que a América toda vai lembrar do nome", repliquei.

"Você deve estar brincando!", Robin protestou. "Vai mesmo mostrar isso ao Dan? O cara vende seguros contra *câncer*!"

"Olha", eu disse, "se ninguém se lembra do nome da firma, se ninguém quer pensar em seguros, se todos os concorrentes na categoria estão se escorando no sentimentalismo — talvez um pato engraçado e com atitude seja a melhor saída. Estamos explorando exatamente aquilo que Dan não tolera: que o nome seja impossível de lembrar!"

Submetemos nossas melhores alternativas, inclusive o anúncio do pato, a um grupo de estudos. Os quatro anúncios tiveram bons resultados — um que tinha como porta-voz o comediante Ray Romano, um anúncio sentimental e alguns comerciais humorísticos. O pato era tudo, menos uma aposta garantida: metade das pessoas o achou histericamente divertido, outras o acharam simplesmente insultante.

Sabíamos que tínhamos de mandar a Dan Amos os quatro melhores anúncios para o estudo oficial, mas decidi que não poderíamos deixar morrer a idéia do pato. Peguei o telefone e liguei para Amos.

"Ouça, sei que você só quer quatro comerciais, mas temos um a mais que você *precisa* testar. É um comercial meio louco, mas pode funcionar", eu lhe disse. Fiz-lhe uma breve descrição de "Banco no Parque".

Amos relutou em aceitá-lo. "Combinamos quatro, e não quero testar um quinto", ele disse. "E não estou certo quanto a esse pato."

"Vou lhe dizer uma coisa", insisti. "Nós até pagaremos o teste."

Amos se lembra de ter pensado consigo mesmo: "Se uma agência publicitária está disposta a pagar pelo teste, deve haver alguma coisa nisso tudo". "Bem, acho que é melhor do que um cara nu dançando no telhado; vamos em frente", concordou finalmente.

O KTG pagaria o teste e, se ele fosse um sucesso, a Aflac nos ressarciria.

Amos enviou os cinco anúncios do KTG, além dos quatro da outra agência, para a Ipsos-ASI, Inc., uma empresa internacional de pesquisas publicitárias sediada em Norwalk, Connecticut. A Ipsos-ASI mostrou o anúncio a um grande número de consumidores e, em seguida, tabulou a porcentagem que conseguia se lembrar do nome da empresa 24 horas depois. O resultado é conhecido como índice de recordação.

Em geral, com um índice de 12% um anúncio é considerado decente. Raramente um anúncio de seguros se sai melhor que isso.

"Banco no Parque" conseguiu notáveis 28%.

Era o maior índice que a Ipsos-ASI jamais vira na categoria seguros. O KTG ganhou o cliente.

Dan Amos foi o primeiro fã do pato — e, por algum tempo, seu *único* fã. "Fiquei tão animado com os comerciais que mal podia esperar para contar a todo mundo. Liguei para alguns amigos e para alguns de meus contatos comerciais, e expliquei que tínhamos um pato que grasnaria nosso nome. Contei-lhes como a coisa era divertida. E eles me ouviam como se eu estivesse biruta. Decidi finalmente que não diria nada a ninguém, nem mesmo ao conselho de diretores. Decidi que deixaria os comerciais falarem por si mesmos."

E eles falaram. Em 31 de dezembro de 1999, o comercial foi ao ar pela primeira vez. Em seis dias, a Aflac teve mais acessos em seu site do que em todo o ano anterior. O KTG em seguida criou mais de uma dúzia de novos comerciais da Aflac estrelados pelo pato frustrado. O pato Aflac foi ao ar na cerimônia de abertura das Olimpíadas de Inverno de 2002. O aumento anual de vendas da Aflac, que historicamente oscilara na casa dos 12% a 15%, foi de 28% em 2000 e 29% em 2001. Desde que a campanha teve início, a empresa experimentou um aumento de 55% nas vendas. Dan Amos, que deu de vestir gravatas com estampas de patos, lembrou-me recentemente: "Só *sou* alguém por causa desse pato!"

O pato mudou a vida dos vendedores da empresa por todo o país. Os seguros da Aflac são vendidos sobretudo a gerentes de recursos humanos, e, antes que o pato entrasse em cena, esses gerentes mostravam-se indiferentes às frias ligações da Aflac. O pato tornou-se uma espécie de aquecedor de maçanetas; agora, sempre que um vendedor atende ao telefone, o funcionário de RH no outro lado da linha grasna *"Aflac! Aflac!"*. O vendedor passa pela porta quase todas as vezes. E, como qualquer vendedor pode dizer-lhe, passar pela porta é meia batalha ganha.

O pato Aflac se tornou um ícone popular. Em fevereiro de 2002 tive a grande honra de ser selecionada como a Publicitária do Ano 2001 pela Advertising Women of New York. Dan Amos, um dos principais palestrantes do almoço, aproveitou a oportunidade para contar a seguinte anedota durante seu discurso:

"ELES PAGAM EM ESPÉCIE: É TÃO BOM QUANTO GANHAR DINHEIRO", PROCLAMA YOGI, ANTE A PERPLEXIDADE DO PATO AFLAC.

"Recebemos recentemente uma ligação de nosso agente de pesquisas, que queria conversar comigo. Ele disse ser muito importante. Atendi ao telefone e ele disse: 'Descobrimos que agora 91% dos americanos reconhecem o nome Aflac. Você tem um índice de 91% de reconhecimento da marca. Mas não é por isso que estou ligando'.

"'Estou ligando porque aconteceu uma coisa que nunca me tinha acontecido.'

"Perguntei: 'E o que nunca tinha acontecido?'

"Ele disse: 'Um terço das pessoas não consegue *dizer* Aflac — precisa *grasnar* o nome!'."

Dennis Miller grasnou Aflac no Mondy Night Football, e o nome apareceu em várias tiras de quadrinhos e até nas veneráveis palavras cruzadas do *New York Times*. Quando David Pringle, representante da Aflac em Columbia, compareceu a um evento da Casa Branca em novembro de 2001, foi apresentado ao presidente Bush. Bush deu uma olhada no alfinete de pato de sua lapela e imediatamente grasnou: "*Aflac!*".

Isso tudo representa literalmente centenas de milhões de dólares de propaganda gratuita. E não somente para nós. Ben Affleck voou nas asas do pato. Ambos foram comparados nas páginas da revista *People* ("O pato Aflac: nunca deu marrecadas. [...] Ben Affleck: Estrelou em *Jogo Duro*."). O elo com a Aflac tornou-se uma brincadeira comum nos programas que entrevistam Ben, durante os quais ele reclama muito que "esse pato me assombra aonde quer que eu vá".

Havia um milhão de razões para não usarmos o pato. Ele empregava humor em uma categoria mortalmente séria. Era zombeteiro. Era não-convencional. Era simplório. Era rude. Escarnecia do anonimato de nosso cliente. Nascia de uma coincidência: o nome da empresa rima com *quack*. Era uma solução de último minuto. O instinto nos disse que funcionaria. Felizmente tivemos a desfaçatez de usar o pato, e o resultado é que a Aflac em um ano saiu do virtual anonimato para se tornar uma marca célebre.

O pato Aflac não foi somente um ocasional golpe de sorte. Big Bangs não acontecem assim, sem mais. A criatividade é, sem dúvida, um negócio complicado, mas, quando desenvolvemos a campanha, seguimos alguns princípios-chave que poderiam ajudar a tornar qualquer empresa ou departamento de marketing um terreno fértil para Big Bangs.

Bang! Uma explosão de marketing e publicidade

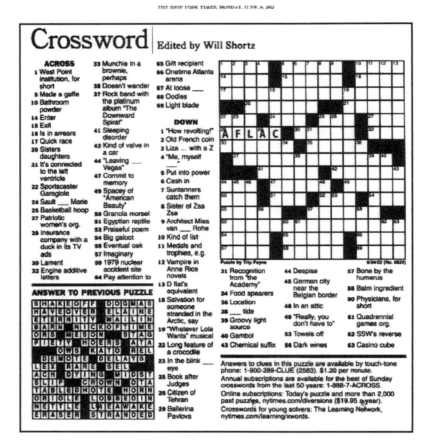

QUANDO SUA MARCA TEM UM ÍNDICE DE 91% DE RECONHECIMENTO,
É FÁCIL CRUZAR COM ELA POR AÍ.

Nos capítulos seguintes, você saberá que os Big Bangs são tudo, menos negócios convencionais. Saberá que, em que pese a Einstein, a energia é igual a uma estrutura administrativa enxuta e plana, multiplicada pela emoção ao quadrado. Você saberá que precisa dar o sangue, transformando o impulso emocional em ouro. Aprenderá que o caos é a outra face da criatividade. Aprenderá a criar um ambiente condensado que atue em altas velocidades. Virará um especialista em determinar quais idéias darão certo e quais malograrão. Em executar e vender seu Big Bang. Em sair de buracos negros e manter os Big Bangs em perpétua expansão. No final, você desenvolverá as ferramentas para gerar um impacto imediato e dramático na rentabilidade de sua empresa.

ÀS VEZES UMA CAMPANHA GANHA O STATUS DE CELEBRIDADE — O MAIOR DE TODOS OS BANGS.

CAPÍTULO

2

DISPENSE AS REGRAS

Ninguém em 1994 achou que um orgasmo no horário de pico poderia converter um xampu quase defunto em uma marca renomada. Assim, quando minha equipe desenvolveu a idéia da "Experiência Totalmente Orgânica" — apresentando uma mulher às raias do êxtase sempre que utiliza um produto Herbal Essences —, todos acharam que seria impróprio, incompreensível e incorreto. *E por isso soube que daria certo.*

Na época, eu trabalhava para a Wells, Rich, Greene, uma agência publicitária de Nova York. Um dos maiores clientes da Wells era a Procter & Gamble, fabricante do Pantene, um concorrente direto do xampu Herbal Essences. É uma cortesia comum mostrar aos clientes qualquer trabalho que você desenvolva para a concorrência, por isso exibimos os anúncios do Herbal para a P&G. Eles de pronto me disseram que a coisa não ia funcionar, dispensando o Herbal como uma velharia repintada, sem condições de concorrer com o célebre Pantene. Lembro-me, em particular, de um alto executivo da P&G que declarou: "Seu anúncio não tem demonstrações para mostrar eficácia, nem amostras de cabelos bonitos. Nunca venderá um frasco de xampu. E *nunca* concorrerá com o Pantene".

O que esse executivo não entendia era que o primeiro requisito de um Big Bang é *esquecer todas as regras que você já aprendeu*. Para romper o paradigma estabelecido e chamar a atenção dos consumidores, você precisa levar tudo em conta, *menos* a abordagem tradicional. Precisa correr riscos e considerar opções que ninguém mais considerou. Obviamente não é seu intuito criar uma campanha desabridamente ofensiva ou tão desligada do tema que os consumidores esqueçam a marca. Mas você precisa ter a coragem de ignorar a sabedoria convencional e violar regras.

Copérnico. Picasso. Eminem. Todos eles romperam regras (e também alguns mandamentos). Encare a coisa: o melhor que se pode dizer das regras é que elas facilitam a repetição do que outros fizeram antes de você. Como a maioria de nós não é Julia Child, elas ajudam na hora de fazer um bolo. Mas, se tudo o que você faz é caminhar nos passos de alguém, a maior parte de suas idéias será no mínimo mal assada. Por definição, as regras são retrógradas. Elas prevêem que a história se repetirá. No clima de negócios de hoje, contudo, se você se limitar a se repetir, sua empresa é que virará história.

Você não terá como se abrir para sugestões se ficar se apegando rigidamente aos pressupostos comuns. Imagine que alguém lhe sugira vender bolos de picles. A resposta convencional será: "Não, não, não. Bolos não têm picles". Uma resposta Big Bang — após um pouco de reflexão — seria: "Endro ou pepinos?". E então — veja só! — eles podem acabar sendo um sucesso com mulheres grávidas, e vender como bolo na feira.

Vai aqui um exemplo verdadeiro de dois homens que não deixaram a sabedoria convencional obstruir o caminho de uma boa idéia. Bruce e Mark Becker, dois jovens do Queens, Nova Iorque, abriram recentemente uma empresa de sorvetes. Se os irmãos Becker tivessem criado uma sorveteria tradicional, com *sundaes* em calda, poderiam estar fora dos negócios no momento em que você lê esta página. Quem precisa de mais uma sorveteria? Em lugar disso, eles fizeram exatamente o que T. Irene Sanders, CEO do Washington Center for Complexity and Public Policy, e autora de *Strategic Thinking and the New Science* (O Pensamento Estratégico e a Nova Ciência), afirma ser necessário para sobreviver no ambiente competitivo de hoje. Eles conseguiram "abandonar da noite para o dia aqueles programas, políticas e estratégias ultrapassadas ou ineficazes no contexto atual". Qual a idéia que tiraram do baú? Sabores como salmão defumado e cerveja e nozes. Esses caras perceberam que em nosso mundo corriqueiro o caçador de emoções que lateja em todos nós vibraria, digamos, por uma casquinha de sorvete de alho com confeitos. Às vezes uma fria faz ferver o sangue.

Eles estavam certos. Seu negócio é um Big Bang tamanho que a revista *People* os considerou dois dos "melhores partidos" de 2002. Apareceram em uma matéria do *New York Times* e figuraram em rede nacional como convidados em diversos programas de entrevistas, inclusive o *Rosie* — e estão desde então colhendo os lucros.

A estratégia de marketing Big Bang é feita sob medida para o mundo de hoje. Os consumidores estão de tal modo submersos em anúncios e produtos que somente uma idéia extravagante penetrará sua consciência. É improvável que algum de nós promova um produto realmente revolucionário, que chame a atenção por si só. Por isso mesmo é essencial que sua *mensagem* seja revolucionária. E para desenvolver mensagens inovadoras, revolucionárias, Big Bangs, você deve eliminar o lastro convencional de sua mente. Deve ignorar os padrões e converter num estilo de vida os ditames de sabedoria não-convencional logo abaixo.

Esqueça Esse Negócio de Visão

Inúmeras empresas têm seus planos de cinco anos, seus planos anuais, seus planos semestrais. Esse troço raramente funciona. Qual o sentido de ter uma visão do que você pretende alcançar em cinco anos, se não pode pagar o aluguel de hoje? O jovem chamado Joyce Hall não planejava abrir uma empresa mundial de cartões. Ele simplesmente tomou um trem para Kansas City em 1910 com duas caixas de sapatos cheias de cartões de presente, na esperança de fazer do mundo um lugar mais açucarado. Sam Walton não tinha nenhuma visão. Ele só queria vender pequenos artigos sem importância. Os zilhões de dólares que ganhou foram apenas o feliz resultado. Por que limitar seu potencial adotando alguma filosofia inflexível que só favorece o gravador que a lavra no mural, pelo qual você provavelmente pagou uma nota? É fundamental evitar o "entrave cultural", dizem Richard N. Foster e Sarah Kaplan em seu célebre livro *Destruição Criativa: Por que empresas feitas para durar não são bem-sucedidas — Como transformá-las.* Eles alertam contra "a formação de regras ou modelos mentais encobertos que, uma vez sedimentados, são extremamente difíceis de mudar".

Muitos grandes ícones da cultura moderna surgiram por acidente. Em seu livro seminal, *Feitas para Durar: Práticas bem-sucedidas de empresas visionárias,* James C. Collins e Jerry I. Porras estudaram 18 grandes corporações e descobriram que "o que em retrospecto parece um brilhante trabalho de previsão e planejamento mostra-se amiúde o resultado de 'Vamos tentar um punhado de coisas e usar o que der certo'". Alguns dos melhores momentos da televisão, por exemplo, foram remendos temporários que nunca se esperava entrassem para a história. Rod Serling era um narrador substituto em *Além da Imaginação*, até que os produtores perceberam que seu estilo de fala pomposo soava bizarro e obscuro. Depois da famosa campanha "Where's the Beef?" (Cadê o Bife?), da Wendy's, o fundador Dave Thomas decidiu se tornar o porta-voz da empresa na TV até que conseguissem pensar em outra campanha arrasa-quarteirão. Thomas foi a campanha. *Saturday Night Live* devia ser um mero tapa-buraco até que a NBC encontrasse algo melhor do que as reprises do *Tonight Show*, de Johnny Carson.

Em parte alguma a necessidade de esquecer a visão é maior do que no marketing. O consumidor é um alvo móvel, e para seduzir sua imaginação você deve estar aberto a todas as possibilidades. Uma visão específica de sua empresa ou marca hoje pode facilmente estar datada amanhã. É isso mesmo que provoca as mesmas e velhas idéias de marketing, ao passo que uma abordagem mais liberal lhe permite considerar idéias divergentes, com muito mais chances de se tornarem um Big Bang.

Se você tem uma visão, então vive em um futuro predeterminado pelo passado. Se não a tem, você cria no *aqui e agora* (embora já tenhamos nos visto em reuniões escabrosas, desejando saltar magicamente para a semana seguinte). Você reage ao presente sem as restrições de uma missão corporativa sisuda. Nossos primeiros cartões de negócios eram deliberadamente vagos, exibindo um logotipo colorido e as palavras "Advertising and Entertainment Company" (Empresa de Publicidade e Entretenimento). Basicamente, esse título geral sugeria aos clientes em potencial que poderíamos dar conta de qualquer tarefa, exceto fazer pontes de safena e pilotar aviões de reconhecimento. Com efeito, essa falta de filosofia nos ajudou a produzir um de nossos mais celebrados Big Bangs, um especial de TV para a Cruz Vermelha Americana.

DAVE THOMAS, A PRINCÍPIO UM TAPA-BURACO, TORNOU-SE UM ÍCONE DA MARCA.

Sangue... Suor e Lágrimas

Em 1998 a Cruz Vermelha Americana nos pediu que criássemos um novo anúncio em horário gratuito para aumentar o apoio a seus serviços de amparo à vida. Sabendo que a maioria dos anúncios gratuitos vai ao ar normalmente às 3 da manhã, senti que a organização merecia mais. Precisávamos de algo maior, mais inovador. Então, um dia fui tomada de inspiração.

"Já sei", disse, enquanto entrava na sala de Robin uma manhã. "Vamos fazer um programa de TV para a Cruz Vermelha."

Robin me olhou de expressão vazia. Não havia *ninguém* em nossa empresa que já houvesse trabalhado com programas de TV.

"Perdeu o juízo?", ela me perguntou. "Como?"

"Não sei", repliquei. "Mas é o Big Bang de que precisamos. Vamos fazer um programa de TV."

Robin respirou profundamente. "OK", disse ela. "Vamos fazer um programa de TV."

Agora, se fôssemos o tipo de empresa que adere rigidamente a um conjunto de metas específicas de longo prazo, teríamos organizado uma reunião remota de quatro dias e discutido a melhor estratégia para mudar nossa missão corporativa de modo que abarcássemos a televisão. Teríamos contratado vários consultores de nariz empinado da indústria televisiva. Teríamos mergulhado em semanas de reuniões do comitê de planejamento. E teríamos descoberto que 99 em cada 100 roteiros de TV jamais vêem a luz do dia. A idéia teria soçobrado feito um peixe no Canal do Amor.

Em vez disso, simplesmente seguimos adiante, cheios de simplória confiança. Pense em todas as tomadas que poderíamos recriar com vidas sendo salvas, eu disse a Nancy Crozier, então diretora de anúncios corporativos da Cruz Vermelha Americana.

A visão de uma Hora

Sempre que se sentir tentado a escapar para um futuro límpido e livre de problemas, comute seu cérebro para o presente, estabelecendo metas de uma hora para sua equipe. Escolha um problema espinhoso e pressione o grupo a resolvê-lo em 60 minutos. Acreditamos que, quando você lida com o hoje, o futuro se resolve por si mesmo. Por isso, ao mesmo tempo em que fazemos planos e orçamentos, mantemos o foco na estrada bem à nossa frente. Na verdade, criamos um ano de comerciais do Herbal Essences fazendo exatamente este exercício.

O entusiasmo, a compaixão, os angustiantes contos heróicos de gente comum sendo socorrida pelos serviços dos voluntários e partidários da Cruz Vermelha Americana. Crozier concordou. Embora outras empresas de produção já houvessem abordado a Cruz Vermelha com propostas de fazer um especial, ela sentiu que nosso conceito era exatamente o tipo de coisa que poderia fortalecer a imagem da instituição. Crozier concordou prontamente em fazer as coisas acontecerem.

Quando fomos vender às emissoras nossa idéia de um especial promocional, contudo, descobrimos que ninguém estava vibrando pela chance de exibir o programa. A resposta básica era: "Especial sobre a Cruz Vermelha? Claro! Vamos mostrá-lo em julho à meia-noite". Nenhuma das emissoras achou que poderia vender anúncios suficientes para justificar a exibição do programa no horário de pico. Eu entendia a contragosto o lado delas, mas não deixaria que nosso projeto acabasse concorrendo com infomerciais na calada da noite.

Determinada a encontrar um espaço no horário de pico para nossa idéia, voltei a Crozier. Ela nos disse ter plena certeza de que a entidade poderia obter apoio de alguns de seus fiéis simpatizantes corporativos. Com essa possível fonte de verba em mãos, pudemos agendar um encontro com Bill Cecil, então chefe de vendas e programação patrocinada na CBS. Conseguimos convencê-lo de que esse programa seria ideal para o público do horário de pico. Afinal de contas, eu disse, o público de *Toque de um Anjo* adoraria essas histórias de bons samaritanos, e a rede seria considerada uma heroína só por transmiti-las.

Para obter a aprovação final, contudo, precisávamos garantir a Jack Sussman, vice-presidente sênior de especiais, que o programa não seria um infomercial de uma hora sobre como ministrar reanimação cardiopulmonar. Ele tinha de incluir aquilo do que nenhum programa de sucesso abre mão: astros. Cinco ou mais, na verdade. Claro, nem eu nem Robin tínhamos como contatar uma única celebridade (a menos que contemos nosso amigo Steven Herbst, que é um assobiador clássico de renome mundial), mas isso não nos deteve. Pedimos a todos no KTG que fizessem uso de suas relações para chegar a alguns nomes. Lisa Bifulco, que comanda nossa divisão de Produção e Difusão em Massa, trabalhou num regime de 24/7 com a agente de elencos Kelly Brock para fazer o acompanhamento dos *leads* e agendar encontros. Colaborando com outra empresa de produção e a Cruz Vermelha Americana, acabamos conseguindo a participação de Garth Brooks, Trisha Yearwood, Sinbad, Bill Cosby e uma série de outros.

Com essa lista de celebridades em mãos, a CBS deu luz verde para o projeto (desde que o patrocínio viesse mesmo), e, em colaboração com duas outras empresas de produção, nós executamos e produzimos o programa. Ele consistia de uma série de segmentos individuais, cada um baseado em uma história verdadeira, mostrando como os membros da Cruz Vermelha Americana prestavam serviços de amparo à vida em comunidades por todo o país. Uma história tratou de Bill Jenson, um bombeiro de 54 anos que combateu os horríveis incêndios de Malibu em 1996 e acabou com queimaduras em mais de 60% do corpo. Ele requeria acima de 50 litros de sangue para sobreviver. Milhares de doadores ansiosos fizeram fila durante uma campanha de sangue da Cruz Vermelha Americana para ajudar a salvar a vida desse homem. Outro segmento tratou de Ruth Easton, que, na madura idade de cem anos, era voluntária da Cruz Vermelha, e isso desde 1917! Cada história era apresentada por uma celebridade, apimentando o programa com o estrelato que a CBS exigia. Quando assistimos às tomadas finais do programa, consideramos um bom sinal que ninguém conseguisse terminar de vê-lo sem um lenço em mãos.

Nosso teste final do mérito do programa, contudo, foi o momento em que a Cruz Vermelha Americana requisitou a aprovação final do patrocínio. O programa foi exibido para representantes de alguns dos principais parceiros corporativos da entidade. Felizmente, eles o adoraram tanto quanto nós. A AT&T e outras ficaram ansiosas por associar-se ao projeto, e concordaram prontamente em patrociná-lo. Assim que obtivemos seu apoio, Sussman, da CBS, deu a aprovação final para exibir o programa em um momento em que as pessoas estivessem acordadas. *The American Red Cross Celebrates Real Life Miracles* (A Cruz Vermelha Americana Celebra Milagres da Vida Real), apresentado por Roma Downy, de *Toque de um Anjo*, foi ao ar às 8 da noite do dia 24 de dezembro de 1998.

Para uma empresa que sabia tanto sobre produzir especiais de TV quanto sabe meu marido sobre como preparar caldo de frango, o KTG se saiu muito bem. Mas, se houvéssemos aberto nossa empresa com alguma elevada visão profética gravada em nossa psique, teríamos nos saído com uma enfiada de ótimos anúncios gratuitos para a Cruz Vermelha Americana — e nada mais.

DISPENSE AS REGRAS

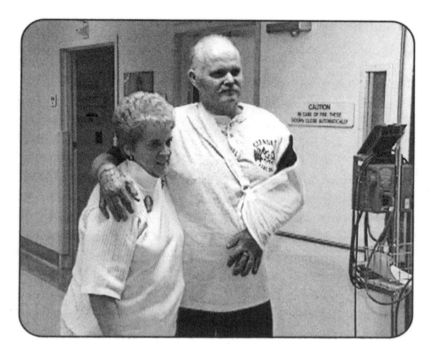

NOSSO ESPECIAL DE TV FOI UM MODO BIG BANG DE FAZER COM QUE OS ESTADOS UNIDOS CONHECESSEM AS BOAS OBRAS DA CRUZ VERMELHA AMERICANA.

Em vez disso, abrimos novos caminhos para o KTG. Produzimos vídeos para as Comunidades Judaicas Unidas, um documentário sobre nossa empresa ("Como Ter Sucesso na Publicidade, Sem Ter de Chorar") e tomadas políticas para Bill Bradley. Produzimos um vídeo de fortalecimento moral — "Cruzamentos" —, também para a Cruz Vermelha Americana, composto por meu marido, Fred Thaler, com letras da redatora do KTG Robin Schwarz, as quais arrebataram o Prêmio John Lennon de Composição Musical na categoria melhor canção gospel. Conseguimos fazer tudo isso porque nunca nos concentramos em nenhuma visão particular de nossa empresa. Como resultado, parecia a coisa mais natural do mundo criar este Big Bang.

Esqueça a Sabedoria Convencional

Imagine se o primeiro homem-macaco que provocou um incêndio resolvesse discutir a idéia em grupo com o restante de seu clã. Será que eles iam saltitar e comemorar: "Upa-upa! Você acaba de dar ao *Homo sapiens* sua maior dádiva! Agora podemos nos aquecer, cozinhar nossa comida e forjar ferramentas afiadas para matar uns aos outros"? Não. Eles provavelmente teriam replicado: "O que há de tão quente nesse tal de fogo? Podemos nos aquecer ficando bem juntos, Ulga faz um molho de mamute que é um estouro, e, se formos invadidos pela Caverna 8, a gente joga uma pedrona neles".

É de nossa natureza seguir o caminho mais trilhado, já que ele parece seguro e confortável. Em toda indústria, as multidões tendem a seguir um certo conjunto de regras que são o 'evangelho' daquela categoria em particular. Sempre mostrar a mecânica do carro nos anúncios de amortecedores. Sempre pôr dois manequins com seios número 38 na vitrine da loja. Sempre escrever 'creme' em vez de bege em seu catálogo de primavera. Esses conceitos tradicionais de negócios, porém, são muitas vezes o caminho mais rápido para a obscuridade. A queda da IBM nos anos 80, de acordo com Foster e Kaplan, em *Destruição Criativa*, foi resultado do "não-reconhecimento de que a continuidade — os negócios como de costume — é uma falácia". Não foi Albert Einstein quem disse que "a definição de insanidade é fazer a mesma coisa vezes e vezes seguidas, esperando a cada vez um resultado diferente"?

Por trás da maioria das grandes empresas estão pessoas que ignoraram os padrões do mercado. Robert McDonald, presidente da divisão global de artigos domésticos da Procter & Gamble, diz: "pela minha experiência, as coisas de verdadeiro

> **Quando o Incorreto é Correto**
>
> Se uma idéia parecer incorreta a princípio, pare e examine o que há nela que lhe traz desconforto. Talvez a idéia seja de fato imprópria e não resolva o problema. Por outro lado, talvez ninguém ainda houvesse considerado o problema sob esse ângulo exótico. Conclusões totalmente lógicas resultam de trilhas batidas, percorridas por legiões de marqueteiros bem-intencionados. Sempre examine *por que* uma idéia está sendo rejeitada antes de descartá-la com o lixo da noite.

DISPENSE AS REGRAS

sucesso são contra-intuitivas. Claro que cumpre ser cuidadoso. Você não deve imaginar coisas que não levem em conta de modo algum a experiência do consumidor. Mas, se conseguir tomar uma crença pública e virá-la de ponta-cabeça, ela pode se tornar uma idéia estrondosa".

Veja o caso das megastores da Barnes & Noble. Todo sujeito com um MBA lhe dirá que as lojas devem ser projetadas para que os clientes entrem e saiam de modo ordenado, abrindo espaço para os clientes seguintes. No final dos anos 80, Leonard Riggio, antigo presidente da Barnes & Noble, pensou em uma brilhante jogada de marketing, decidindo concentrar-se no oposto: faça com que o cliente se demore um pouco. Ele sabia instintivamente que a Barnes & Noble poderia vender muito mais livros se as lojas se tornassem oásis de calmaria e contemplação em meio a um mundo que rodopiava descontroladamente. Ele se tornou o primeiro livreiro do país a investir pesado em uma cadeia de megastores com o estilo de bibliotecas locais. Os carpetes verdes, as poltronas estofadas, as estantes de nogueira, os cafés e as prateleiras de revistas características da B&N o convidam a vagar pelas ofertas, preguiçosamente, durante horas. Riggio concebeu as lojas como centros comunitários que promoviam leituras de autores, séries de palestras e concertos. Mesmo as crianças eram estimuladas a ficar. Nas lojas comuns, as crianças são tão bem-vindas quanto um urso em uma UTI. A Barnes & Nobles criou programas noturnos em que os pequenos são convidados a comparecer com suas mantas para ouvir contos de ninar.

O resultado de toda essa aconchegante celebração? A Barnes & Noble ofuscou a concorrência, e se tornou a maior livraria do país, com mais de 900 lojas em 49 Estados.

Outro caso à mão: qual o princípio de varejistas barateiros como o Kmart e o Wal-Mart? O princípio: preço primeiro, visual depois. A Target virou isso pelo avesso. Embora não ignore os preços, ela contratou decoradores de ponta como Todd Oldham e Stephen Sprouse para desenvolver relógios e trajes de banho estilosos para suas prateleiras. Até a Target aparecer, as pessoas iam a lojas de descontos porque queriam as melhores ofertas. Ponto final. Mas as mentes criativas da Target perceberam que não é só gente rica que gosta de ser jeitosa. A loja ficou tão associada à idéia de visual moderno que ganhou o apelido afrancesado *Tar-jay*. A empresa veicula hoje comerciais de TV em que seu nome não aparece nem é mencionado; tudo o que se vê é o característico logotipo do olho de touro. Lembra-se do dia em que o Kmart decla-

39

rou bancarrota? As cotações da Target estavam em uma alta de 19% em relação ao ano anterior.

Esqueça o Medo

Vamos encarar: sem risco, não há Bang. Todo Big Bang foi criado por alguém que arriscou um tempo importante. Os peregrinos partiram em naus que caberiam em um açude de patos. Rosa Parks sentou-se na frente de um ônibus. Charles Lindbergh voou para o leste. Alguém, em algum lugar, comeu o primeiro dente de alho. Quando Dan Amos, presidente da Aflac, viu "Banco no Parque", nosso primeiro comercial do pato, seu primeiro pensamento foi: "Como diabos vou contar isso a meu conselho de diretores?"

A maioria das pessoas acha que nos negócios basta fazer pesquisas suficientes para eliminar os riscos da equação. Claro, se seu cunhado quiser 20 milhões para um novo infomercial, você deve se mexer e descobrir se o mundo está pronto para um novo kit odontológico 'faça-você-mesmo'. Precisa conhecer as regras antes de poder rompê-las.

Mas marketing não é como construir um telescópio espacial Hubble. Às vezes uns poucos parafusos soltos podem lhe dar uma idéia mais ampla das possibilidades, ao passo que saber demais sobre as engrenagens de cada tópico pode minar seus vôos

> **Não Analise em Excesso**
>
> Saber demais sobre uma empresa pode cegá-lo para idéias Big Bang. Não é irônico quando um cliente lhe pede que dê uma olhada em sua empresa com novos olhos, e então atira um histórico de 250 páginas em sua mesa? Claro, a verdade é que você precisa de ambos — estudar o negócio e trazer à mesa novos olhos —, mas na ordem correta. Primeiro, atire no papel suas impressões, pensamentos e sensações iniciais sobre como começar o projeto. Idéias e associações valiosas vêm à superfície quando você sabe muito pouco sobre a empresa, já que está vendo o produto ou marca do modo como os consumidores o vêem. *Então, sim,* leia o histórico e faça sua lição de casa. Nove em cada dez vezes, após absorvermos todo um tomo de informações sobre a marca, encontramos nosso Big Bang em nossas notas iniciais.

criativos e obscurecer questões subjacentes e essenciais. Reconheçamos. Se as mulheres tivessem de fazer uma dissertação sobre maternidade antes de engravidar, o planeta Terra seria um grande estacionamento vazio em rotação. Nenhuma mulher sem camisa-de-força se submeteria de bom grado ao trabalho de parto, caso soubesse que a sensação seria a mesma de ser empalada por uma faca de cozinha (não admira que a palavra *epidural* provoque emoções mais intensas do que o próprio ato de procriação). Felizmente, para a raça humana, nenhum de nós foi totalmente ponderado antes da concepção.

Ter coragem significa viver com incerteza. Significa tentar algo novo — mesmo que haja perigos potenciais. Como nos disse recentemente o CEO da Procter & Gamble, A. G. Lafley: "O problema com as grandes empresas é que elas procuram o centro seguro e confortável. Não se chega a lugar nenhum no centro seguro e confortável. Você precisa é explorar os extremos".

A pior coisa que se pode fazer é permanecer estático, como descobriu a IBM na década de 80. Concentrando-se no negócio que criara — computadores *mainframe* —, não quis se arriscar com modelos para mesa. Enquanto isso, diz Elspeth McFadzean, cientista comportamental do Henley Management College, na Inglaterra, empresas novas como a Compaq, a Intel e a Microsoft começavam a se concentrar em computadores pessoais. "Conseqüentemente, no início dos anos 90, a IBM perdera participação de mercado e 15 bilhões de dólares". Você tem de soltar os nervos se quiser "olhar para a frente e explorar soluções mais dinâmicas e criativas", diz McFadzean.

Um exemplo de avanço intrépido por territórios fora do mapa é o de Peter Schweitzer, que, enquanto dirigia o posto avançado da agência publicitária J. Walter Thompson em Detroit, sugeriu à Ford Motor Company anunciar seus carros para as mulheres. Até aquele momento, os comerciais de automóveis dirigiam-se primariamente a homens, muitas vezes com modelos se estirando sobre o capô enquanto uma voz masculina discorria acerca do veículo. O pessoal da Ford começava a se dar conta de que as mulheres eram muitas vezes as maiores tomadoras de decisão em matéria de compras domésticas. E contratou Susan Lucci para anunciar os carros para o público feminino. Foi a primeira vez que uma mulher foi escolhida para anunciar automóveis em uma grande campanha televisiva, que, segundo Schweitzer, alcançou imenso sucesso.

A Inveja da Pena

Um Big Bang que exigiu muito dos nervos foi nossa campanha para a Pilot Pen, empresa de Trumbull, Connecticut. No início de 2001, a Pilot Pen era uma remota número três na categoria de canetas com tinta a gel. Isso era inaceitável, ao menos do ponto de vista da empresa, e eles nos pediram que ajudássemos a mudar as coisas. Não era uma tarefa qualquer. As canetas são vistas como insumos básicos. Muitas pessoas tendem a comprar as mais baratas que encontram, e demonstram seu desinteresse pelo produto, perdendo-o em um instante. As novas canetas a gel Dr. Grip, da Pilot Pen, são bem mais caras do que os produtos econômicos da concorrência, e o desafio era convencer os consumidores a comprar a marca mais dispendiosa. O pior de tudo? O CEO, Ron Shaw, disse-nos que a empresa esperava um aumento substancial nas vendas apenas *seis semanas* depois que os comerciais fossem ao ar. Ah, e o orçamento estava abaixo dos US$ 5 milhões.

Sabíamos que o anúncio teria de ser muito intrusivo para chamar a atenção, e convincente o bastante para fazer com que as pessoas comprassem. Para quem não conhece a Dr. Grip, vamos enumerar seus pontos fortes. As canetas Dr. Grip têm o tubo grosso, o que facilita o manuseio para todos vocês, homens durões. A metade inferior do tubo é feita de um material almofadado de silicone, resultando em uma ferramenta de escrita que torna prazerosa até mesmo a assinatura do cheque da hipoteca.

Robin simplesmente adorou, *adorou* sua Dr. Grip. Desde o momento em que começou a usá-la (Robin recorda afetuosamente que estava escrevendo a palavra *declined* [recusado] em um relatório de despesas), ela passou a exibir estranhas tendências territoriais com relação à caneta. Nunca a deixava fora de vista, e um dia admitiu que tinha saído para comprar recargas para a caneta! Isso, até onde sei, é comportamento obsessivo. Mas logo todo mundo na empresa começou a exibir essa estranha possessividade com relação às suas Dr. Grips. Alguns até tentaram trancar suas salas à noite, um recurso patético, já que trabalhavam em espaço aberto.

Mas esse comportamento possessivo nos pôs na trilha estratégica de uma idéia Big Bang. Era uma idéia tão clara, tão ousada, tão descarada, que até mesmo o

Dr. Freud teria sacado: *Quando você escreve com uma Dr. Grip, todo o mundo acaba com inveja da pena**.

Começamos a roubar freneticamente as Dr. Grips uns dos outros, e a escrever até altas horas da noite. Como qualquer idéia de fato Big Bang, o conceito gerou milhares de roteiros, um mais engraçado que o outro. Mas o anúncio que eu realmente queria fazer, um verdadeiro 'não-acredito-que-isto-está-no-ar', era um que me ocorrera, mas que com certeza jamais veria a luz do dia. Na verdade, ninguém imaginou que eu teria o despudor de apresentá-lo.

Quando fomos propor nossas idéias ao pessoal da Pilot Pen, nossa equipe se reuniu em uma sala grande o bastante para ter um CEP próprio, cercada por um mar de homens de terno. Todos estavam meio nervosos. Éramos a última de várias agências a apresentar, e quem poderia dizer se já não estavam irremediavelmente apaixonados por outra campanha? Podiam estar descabelados por algum trocadilho que ouviram — afinal de contas, há um punhado de palavras por aí rimando com *pen* (caneta). Mas abrimos descaradamente nossos portfólios e começamos a apresentar os roteiros.

Ron Shaw pareceu bem impressionado com alguns deles — provavelmente porque estavam um considerável passo adiante das campanhas anteriores (embora ele simpatizasse com uma delas, em que aparecia anunciando canetas dentro de um bolso de camisa). Passada cerca de uma hora, a equipe do KTG sentia que a apresentação fora tão boa que podíamos guardar nossas coisas e voltar para casa. Mas achei o Sr. Shaw tão receptivo a nossas idéias ousadas que ele bem poderia estar disposto a ir um passo além.

Olhando à minha frente, pude ver Rob Snyder, nosso diretor de arte então presente, balbuciando-me "não, não, não" com o olhar. Todavia, como a Pilot Pen tinha um orçamento que caberia no bolso traseiro de um apertadíssimo jeans da Levi's, eu sabia que eles precisavam de um texto capaz de deter o fluxo do controle remoto. Assim, tomei em mãos cautelosamente a última prancha e li o seguinte:

> *Dois sujeitos sentados lado a lado num trem, vistos somente do peito para cima.*
>
> *O primeiro deles olhava o colo do outro com admiração: Uau! Que bela ferramenta você tem aí!*

---

* O original diz *pen envy*: é um trocadilho entre *inveja da pena* (caneta) e *inveja do pênis* — a questão fálica da Psicanálise. (N. do T.)

O outro erguendo uma sobrancelha: Essa aqui?

O primeiro suspirando: Essa mesmo... É tão...

O segundo: Impressionante?

O primeiro: Rapaz! Deve te dar o maior prazer!

Segundo: Quer pegar?

O primeiro, arfando: Posso?

O segundo, entregando a caneta, que finalmente aparece na tela: Por isso a chamam de Dr. Grip*.

Depois de recobrarem os sentidos, todos se puseram a uivar em gargalhadas. Shaw exclamou: "Isso é ultrajante, é atrevido, e provavelmente nos renderá uma tonelada de críticas, mas é o golpe de que precisamos". Uma semana depois, após sessões com outras cinco agências, recebemos o contrato.

"INVEJA DA PENA": NADA MAIS PRAZEROSO DO QUE TER EM MÃOS UMA DR. GRIP.

---

* Grip, em inglês, significa agarrar, prender a atenção. (N. do T.)

"Trem" foi ao ar juntamente com outro comercial também humorístico, mas bem menos ousado. Embora só fosse veiculado por algumas semanas, ele gerava tanta publicidade que vê-lo uma única vez bastava para qualquer consumidor. E pela primeira vez um anúncio da Pilot Pen ganhou uma matéria inteira no *New York Times*. Não menos importante, a Pilot Pen alcançou a primeira posição na categoria de canetas a gel, durante o crucial período de volta às aulas, e suas vendas saltaram para 31%, com apenas seis semanas de anúncios — para a grande inveja dos que seguravam coisas menos satisfatórias.

Assim, aí estão três componentes essenciais de uma mentalidade Big Bang: permaneça no aqui e agora. Tome a estrada não trilhada. Não tema. É tudo de que você precisa para violar regras com prazer.

Talvez o melhor argumento para essa filosofia heterodoxa seja a história da campanha "Experiência Totalmente Orgânica", do Herbal Essences. Lembra-se da garota Breck? Era a clássica modelo para xampus: uma jovem bonita e saudável com cabelos longos e vistosos, que se limitava a sorrir e sacudir suas mechas. Jamais fazia nada de polêmico. Em 1994, era ponto pacífico ser esta a única maneira de vender xampus. Mas eu sabia que a única maneira de vender um xampu às portas do esquecimento era seguir na direção oposta. Como resultado, chegamos a uma idéia que violava todas as tendências. Ela exigiu uma gigantesca cara-de-pau de todos os membros da cadeia de comando. E foi um sucesso estrondoso.

Enquanto repassamos detalhadamente a história do Herbal, você verá como virar as costas para a sabedoria convencional pode ser um trampolim para um Big Bang.

Não Se Enrosque na Armadilha dos Processos

Não se concentre em *como* as coisas são feitas, em detrimento de realmente fazê-las. Jamais temos reuniões para discutir como um projeto deveria ser posto em prática, e, sempre que possível, tomamos decisões em vez de agendar encontros para tomá-las. Tentamos não ter pautas com mais de três itens. Detestamos acrescentar regras aos processos, exceto quando absolutamente necessário. Menos processo significa mais progresso.

O Orgasmo Sentido ao Redor do Mundo

Em uma gélida manhã de novembro em 1994, recebi uma ligação de Steve Sadove, presidente da Clairol. Eles pretendiam relançar o xampu Herbal Essences. A Clairol pensara em remover a marca das prateleiras, mas decidiu dar-lhe uma última chance de sobrevivência. Eles modernizaram todo o produto, dando-lhe uma nova e intensa fragrância e uma embalagem chamativa. Mas Sadove queixou-se comigo de que os anúncios desenvolvidos para promover o xampu eram tediosos, morosos e sem vida. Ele perguntou se eu estaria disposta a descobrir um jeito de animar os consumidores com o relançamento do que fora um celebrado produto de cuidados com os cabelos. Com um orçamento de US$ 10 milhões, em uma categoria em que US$ 50 milhões em tempo de mídia representam o preço de entrada, ele sabia precisar de uma campanha capaz de explodir em cena.

A Clairol lançou o Herbal Essences pela primeira vez no início dos anos 70. Aqueles dentre vocês crescidos o bastante para se lembrarem (e se você estiver usando óculos de leitura nesse momento, é o seu caso) recordarão o saudoso tempo dos Earth Shoes, do Salve as Baleias e de *I Can't Get No Satisfaction*. O Herbal Essences foi a primeira grande marca a usar ingredientes naturais e uma fragrância botânica. A chamada era 'Bem-vindo ao Jardim das Delícias Terrenas'. Era a idéia certa no tempo certo, e a marca logo se tornou um sucesso de vendas. Infelizmente, enfraqueceu durante os anos 80, quando o natural saiu de moda e a especulação e as ombreiras para paletó entraram em alta. Ela estava prestes a sair de cena, quando a década de 90 trouxe uma segunda onda de febre natural, com marcas como The Body Shop, Bath & Body Works e Aveda.

O problema era que a agência publicitária de Sadove vinha trabalhando nesse relançamento há um ano sem sucesso (o que é um longo descabelamento), e a Clairol tinha um prazo de veiculação inadiável. Por coincidência, Robin era a responsável pelo contrato na agência da Clairol, e vinha perdendo o sono pelo fato de outra agência estar entrando em cena. Na época em que Sadove me ligou, só tínhamos cinco dias para desenvolver a campanha. Quatro deles no feriado de Ação de Graças.

Parecia uma tarefa impossível, mas descobri que costumo ser mais criativa quando trabalho com restrições. É como escrever haiku. A forma é tão difícil que não existe espaço para desvio. Das janelas mais estreitas costumam brotar as idéias mais inovadoras.

A primeira coisa que fiz foi eliminar todos os membros da equipe que já haviam trabalhado em anúncios de xampus. Eu não queria nada que lembrasse, ainda que remotamente, o costumeiro clichê dos cabelos. Nada de tomadas luminosas de cabeleiras em câmera lenta (o Pantene tinha exclusividade nisso), nada de belezas loiras com lábios de colágeno amuados pelas tranças ressequidas do 'antes', e nada de cápsulas de vitamina socorrendo e ressuscitando os folículos danificados. Precisávamos de um anúncio que deixasse seus cabelos em pé, por assim dizer, e não ondulando para lá e para cá.

Em outras palavras, para dar um breque no modelo 'Breck', tínhamos de esquecer tudo o que havíamos aprendido sobre anúncios de xampus. O frasco remodelado do Herbal Essences, brilhantemente concebido por John Louise, ex-vice-presidente da Clairol, era um bom ponto de partida para a inspiração. Ele era único em sua aparência e textura. Era feito de plástico transparente, de modo que a cor distintiva de cada fórmula (para cabelos oleosos, secos ou normais) ficava visível. Atrás do frasco havia uma lista das ervas e produtos botânicos naturais que compunham o xampu, adornados por uma atraente imagem floral. Mas o real toque de brilhantismo era o fato de que a imagem floral emanava através do xampu. Isso rendia a impressão de que uma flor brotava dentro do frasco, um feito botânico que até a Mãe Natureza ia achar notável. Quando se abre um frasco do Herbal Essences, o aroma doce e perfumado das ervas é como um passeio olfativo por um berçário Martha Stewart, o que torna o produto sedutoramente agradável de usar.

Sabendo que todos os comerciais de xampu se concentram no resultado final, com cabelos brilhantes, sedosos e 'sem-chance-de-conseguir-se-você-não-for-polinésia', nosso planejador de atendimento, Douglas Atkin, sugeriu que violássemos a norma da categoria. Talvez — *talvez* —, ele começou a dizer, houvesse *outra* razão para lavar os cabelos.

Bem, a maioria de nós sabe que praticamente qualquer xampu deixa os cabelos limpos. Mas como as mulheres se sentem com o ato de limpeza em si? Ao que parece, ninguém jamais perguntara *isso* a elas. Se conversássemos com mulheres a respeito da limpeza dos cabelos, talvez chegássemos a algum lugar. Já era sexta-feira, contudo, e tínhamos uma reunião na Clairol na terça seguinte. Sem tempo para formalidades como grupos de estudo, fizemos algumas pesquisas de emergência e entrevistamos todas as mulheres da agência sobre a questão de lavar os cabelos.

Embora as mulheres a princípio resmungassem que lavar os cabelos é uma rotina enfastiosa, as perguntas acabaram revelando que esta é na verdade uma experiência revigorante e sensual. A bem dizer, muitas perceberam que esses eram muitas vezes os melhores cinco minutos de seu dia. Nada de crianças perturbando, nada de marido ranheta perguntando onde está sua camisa azul, nada, exceto uma camada de espuma lavando os pequenos problemas da vida. E elas admitiam haver nisso algo de profundamente sensual. Estavam nuas, massageavam seus couros cabeludos, sentiam um fluxo de água quente e pulsante por todo o corpo — bem, você já entendeu a idéia.

Assim, decidimos ir aonde nenhuma empresa de produtos capilares jamais fora: ao chuveiro. E o perfume fragrante, as ervas e produtos botânicos imersos em água pura e corrente prometiam em conjunto uma esplêndida experiência com o xampu.

Mas os roteiros que criamos eram tão interessantes quanto reprises da previsão do tempo. Tínhamos clipes de mulheres atravessando campos de papoulas, e eles provocaram nos espectadores o mesmo efeito que sofrera a personagem Dorothy em *O Mágico de Oz*. Tínhamos mulheres mergulhando em cachoeiras. Tínhamos até mulheres dançando espasmodicamente no chuveiro, uma espécie de *Flashdance* com espuma, mas tudo a quilômetros de uma campanha de fato inovadora.

Na manhã de segunda-feira, reuni-me com uma de minhas melhores duplas, Lynn Blumenfeld e Jim Johnson, que se arrastaram pela sala adentro de cara comprida. "trabalhamos todo o fim de semana, mas não pensamos em nada", balbuciou Lynn com lágrimas nos olhos. Em vez de lhes pedir que continuassem trabalhando, convidei-os a ficar ali e conversar. Comecei a fazer gracejos, uma boa técnica para induzir a mente a relaxar.

Então comentei que, se eles não tivessem nenhuma idéia, talvez pudéssemos arrumar uma celebridade para promover o produto, induzindo a platéia a pensar que ali estava um achado. Uma figura que me veio à mente foi Meg Ryan, por ser atraente, acessível e divertida. A idéia lembrou a Jim a famosa cena de *Harry e Sally* em que Meg Ryan simula um orgasmo em uma cafeteria, para o devidamente embaraçado Billy Crystal. Enquanto ríamos com a lembrança, Jim disse meio que por acaso: "Eu bem que queria o xampu que ela estava usando".

Senti um súbito calafrio.

"Espere um minuto — é isso!", falei num rompante.

"Isso o quê?", perguntou Lynn.

DISPENSE AS REGRAS

Que você fique tão feliz em seu aniversário quanto as pessoas do comercial de xampu.

"YES! YES! YES!", GRITAVAM OS RESULTADOS DE VENDA QUANDO O COMERCIAL DO HERBAL ESSENCES FOI AO AR. COMO DEMONSTRA ESTE CARTÃO DE ANIVERSÁRIO, OS ANÚNCIOS GANHARAM UM LOCAL PERMANENTE NA CULTURA POPULAR.

"Essa é a idéia! Vamos mostrar uma mulher entrando no chuveiro e tendo um verdadeiro orgasmo ao lavar os cabelos com Herbal Essences. Enquanto ela atinge o êxtase, mostraremos um casal antiquado vendo-a na televisão. A mulher virará para seu marido molenga e dirá: 'Quero o xampu que ela está usando'."

Lynn e Jim sacudiram a cabeça em sinal de incredulidade. "Linda", disseram, "a Clairol *jamais* entrará nessa. A firma é da Bristol-Myers Squibb, uma das mais conservadoras companhias farmacêuticas dos Estados Unidos. Seus anúncios de Excedrin não mostram nem mesmo uma mulher abrindo a boca para engoli-los!"

Mas insisti. No dia seguinte apresentamos a idéia a Steve Sadove, que a adorou. *Sim*, era sensual, *sim*, era ousado e *sim,* prometia mais do que uma planilha da Arthur Andersen, mas era o golaço que ele vinha esperando. Ele pediu a seu pessoal de marketing que desse uma olhada no anúncio. Muitos deles, como Sadove descobriu, o julgaram de mau gosto e impróprio, e não quiseram adotá-lo.

"Mas minhas entranhas me diziam que essa era a coisa certa, mesmo que as críticas depois não tivessem fim", recorda Sadove. Ele tomou, sim, uma precaução incomum. Antes de testar o anúncio, mostrou-o a Charlie Heimbold e Dick Gelb, os mais altos figurões da Bistrol-Myers Squibb. Normalmente a batata parava em Sadove, mas este anúncio era explosivo, para dizer o mínimo. Ele queria estar certo de que seus chefes não teriam objeções. De algum modo Sadove os convenceu de que *somente um orgasmo podia salvar a marca.*

Em seguida enviou o comercial rapidamente para os testes. Os anúncios da Clairol normalmente atingiam um índice de recordação de 20 a 25. O primeiro anúncio do Herbal chegou aos 40; o segundo, a estonteantes 67. Os anúncios da "Experiência Totalmente Orgânica" atingiriam depois os mais altos índices de qualquer comercial da Clairol até hoje.

Nove anos e trocentos comerciais depois, o Herbal Essences foi lançado com sucesso em mais de 62 países por todo o mundo, e se ramificou em produtos para limpeza de corpo, velas, tintas para cabelo e o que mais você sugerir. Sendo a imitação a forma mais sincera de lisonja, a campanha foi parodiada em todos os programas imagináveis, dando origem até mesmo a um cartão de aniversário. Os comerciais geraram o maior índice de reconhecimento dentre todos os anúncios de xampu da história do marketing. Anúncios do Herbal Essences são veiculados hoje na China — em breve a marca será um sucesso nesse país com mais de um bilhão de pessoas.

Em suma, o Herbal Essences converteu-se de um xampu quase extinto para a segunda maior marca de cuidados com os cabelos da América.

Criamos um Big Bang que ajudou a converter o Herbal Essences em uma das marcas que mais crescem em todo o mundo. E o fizemos porque tivemos a coragem de esquecer tudo o que havíamos aprendido, para violar todas as regras.

Adotar esta mentalidade é o primeiro passo para pôr sua equipe ou empresa de marketing a caminho do pensamento Big Bang. O passo seguinte é concentrar-se em criar um ambiente propenso a motivar idéias explosivas e inovadoras.

CAPÍTULO

3

ENCOLHA PARA O
SUCESSO

Idéias Big Bang nascem em espaços pequenos. Somente reduzindo sua organização você poderá criar uma atmosfera em que grandes idéias surgem continuamente à superfície. Chamamos a isso teoria da compressão do marketing. Como se preparasse um molho no forno, você precisa reduzir tempo, espaço e burocracia até restarem somente os elementos essenciais. Isso manterá sua empresa em uma atividade febril, pronta e apta a responder instantaneamente a novos desenvolvimentos, e produzindo sem cessar boas idéias.

Um exemplo ideal de como um escritório comprimido se torna um caldeirão de criatividade ocorreu uma manhã no início de 1997, durante meus últimos meses na Wells, Rich, Greene. Eu estava lendo o jornal em um táxi a caminho do trabalho e soube que Dolly, a ovelha, havia sido clonada. Uma lâmpada gigante surgiu em minha cabeça. Não me parecia chegar rápido que bastasse ao escritório. Quando saí do elevador para o átrio, eu era uma mulher com uma missão. Sacudindo o artigo de jornal no rosto de todos, disse repetidas vezes que tínhamos de produzir um anúncio envolvendo clonagem. Cerca de dois minutos depois de chegar a minha mesa, o telefone tocou. Era Sally Goll Beatty, uma repórter do *Wall Street Journal,* que conversara com o diretor de relações públicas da Wells, Jan Sneed.

"Estou contatando agências para saber qual delas vem produzindo algum anúncio com clonagem", disse ela. "A que fizer o primeiro anúncio ganha a matéria."

"Bem, sua matéria vai ser sobre a gente", respondi; desliguei o telefone e saí correndo da sala.

Fui a cada um dos diretores de criação e lhes disse que parassem *imediatamente* o que faziam e telefonassem a nossos clientes para verificar se algum deles estava interessado em um anúncio com clonagem. "Diga-lhes que há uma matéria do *Journal* em vista", contei a todos. "Não importa onde o anúncio vai aparecer. Pode aparecer na *Free Press.* Não precisamos de uma campanha imensa. Só de *um* anúncio."

Subi e desci os corredores até ouvir alguém gritar: "A Heineken se diz interessada!" Steve Davis, vice-presidente de Marketing da Heineken e cliente da Wells na época, nos autorizou a desenvolver alguma coisa.

Em questão de minutos reuni em minha sala todos que pude encontrar, desde o mais experiente redator até o mais verde assistente. As pessoas se sentaram no assoalho, nas mesas e nos braços das poltronas, e começamos a sugerir idéias. Em pouco tempo, tínhamos um rol de concorrentes, e cerca de duas horas depois enviamos a Davis nossos favoritos.

Como estávamos ansiosos pela cobertura gratuita, Davis logo aprovou por fax o seguinte anúncio: uma imagem de duas estrelas vermelhas da Heineken, lado a lado, com a chamada: "Qual delas é o clone? Assustador, não é mesmo?" O anúncio apareceu na *Time Out New York* e na *Entertainment Weekly.* E, evidentemente, Sally Goll Beatty publicou a coluna "'Como tive essa idéia': Well e Rich criam anúncio de clone para a Heineken sem pensar duas vezes", na edição de 18 de março de 1997 do *Wall Street Journal.*

Interrompendo tudo o mais e pondo todo mundo em ação, geramos uma rajada publicitária. Enveredamos por uma trilha heterodoxa. Muitas agências teriam rejeitado a idéia da clonagem porque ela atrapalhava as atividades em curso. Muitos clientes não a quiseram porque ela não fazia parte de um plano estratégico de longo prazo. Mas Steve Davis não perdeu tempo perguntando-se se um anúncio de clonagem faria da Heineken a cerveja da vez. Ele percebeu que, embora um único anúncio dificilmente fosse causar um grande salto nas vendas, este não era o ponto. Estava ali uma grande oportunidade de marketing. Foi uma jogada de curto prazo que provocou uma agitação Big Bang.

CRIAR UM ANÚNCIO TEMÁTICO "SEM PENSAR DUAS VEZES" PODE DAR ÀS MARCAS UMA GRANDE PUBLICIDADE GRATUITA.

Era também uma jogada que só podia ocorrer em uma empresa pequena o bastante para ser oportunista. Sem excesso de burocracia para nos atravancar, pudemos dar uma pensada a caminho do trabalho e formular uma proposta de negócios até a hora do almoço.

Reduzir sua empresa a uma organização ágil é a única maneira de criar Big Bangs no mercado competitivo de hoje. Em um artigo de 1995 do *Journal for Quality and Participation*, os autores apontaram os perigos de agir com demasiada lentidão: "Conhecer sua posição no mercado é de pouca valia quando novos concorrentes podem surgir de qualquer parte, ou quando seu mercado pode ser redefinido quase da noite para o dia. Pense no que ocorreu com os fabricantes de papel-carbono e de Wite-Out quando fotocopiadoras e computadores pessoais se tornaram comuns". Em outras palavras, a única constante no atual clima econômico é a mudança.

Eis aqui como criar uma organização oportunista e ágil o bastante para produzir Big Bangs em nosso mundo frenético.

Reduza o Espaço

Qual é uma das primeiras coisas que as pessoas fazem ao abrir uma empresa? Procurar um espaço confortável onde possam crescer. E é esse o primeiro erro. O espaço extra é inversamente proporcional à criatividade. Descobrimos esse princípio em grande parte por acidente, já que nossas exíguas instalações iniciais foram resultado de meu gene judaico da frugalidade.

O Kaplan Thaler Group surgiu no terceiro andar de meu sobrado de tijolinhos à vista na Nineteenth Street, em Manhattan. Um ex-local de recreação para nossos filhos, ele era grande o bastante para os cinco funcionários que compareceram no dia da abertura. Dentro de seis meses, contudo, havíamos conquistado vários clientes, e 17 pessoas se acotovelavam pelos 65 metros quadrados. Os lotes eram pequenas áreas de assoalho onde cada um tinha seu espaço *e* um telefone. Éramos forçados a jogar uma versão macabra da dança das cadeiras, competindo pelos assentos sempre que alguém ia ao banheiro. Não tínhamos espaço de armazenamento, e por isso mantínhamos nossos quadros de apresentação na banheira, com um grande aviso dizendo: "Não abrir a torneira!"

Embora eu fosse a primeira a admitir — OK, a última — que um escritório pequeno tem seu lado ruim, descobrimos algo muito importante: as idéias permeavam cada centímetro de nossas duas salas. Descobrimos que, quando as pessoas estão juntas, elas pensam mais rápido, trabalham mais rápido e se concentram mais rápido. Em certo momento, a Clairol nos pediu que melhorássemos um comercial medíocre para um produto Herbal Essences, já elaborado por outra agência. Concordamos prontamente, e convencemos uma editora *freelance* a içar seu equipamento de vídeo até o terceiro andar, onde estávamos. Ninguém podia se concentrar em mais nada, já que o projeto dominava praticamente todo o espaço.

Assim, todos abandonamos o que estávamos fazendo e demos uma olhada no filme que tinha sido produzido. Permitimo-nos cinco minutos para reescrevê-lo, o que fizemos de improviso, atirando falas uns contra os outros. Em duas horas havíamos editado um divertidíssimo comercial, e assombramos nosso cliente da Clairol na manhã seguinte. O anúncio foi ao ar na mesma semana em rede nacional, e uma semana depois recebemos todo o contrato para os produtos de limpeza corpórea. Na época, o anúncio ajudou o Herbal Essences a se tornar a segunda maior marca de produtos para limpeza de corpo nos Estados Unidos.

O KTG é um testemunho vivo das vantagens do espaço exíguo. Em nosso primeiro e claustrofóbico escritório, começamos com um cliente e acabamos com uma lista que incluía a Toys "R" Us, a Aussie, a Daily Defense, a Cruz Vermelha Americana e a Bristol-Myers Squibb. Passamos de uma movimentação de US$ 27 milhões em clientes para outra de cem milhões, em apenas quatro meses.

Claro, não estamos sugerindo que você mude sua empresa para um armário. Quando chegamos ao ponto em que já não podíamos atender ao telefone sem derrubar o café de alguém, decidimos nos mudar. Três mudanças e quatro anos depois, o KTG absorveu a N. W. Ayer, possivelmente a mais antiga agência publicitária de Nova York, e herdou vários de seus clientes. Esta expansão nos obrigou a mudar para o espaço da Ayer no trigésimo quarto andar do World Wide Plaza, em Manhattan. Embora estejamos hoje em instalações com as quais há cinco anos só podíamos ter sonhado, ainda mantemos o espírito daquele abarrotado experimento de terceiro andar. Raramente fazemos reuniões de criação na sala de conferências, preferindo juntar o pessoal em minha sala. Costumamos servir almoço para manter todo mundo nas proximidades. Os funcionários compartilham escritórios, e tentamos mantê-los tão unidos quanto possível.

> **Comprima Seu Estilo**
> Sempre que organizar uma reunião de criação, não tema posicionar as pessoas para que fiquem quase desconfortavelmente próximas. Também alertamos contra reuniões criativas em salas formais, com grandes mesas de mogno. A distância pode criar barreiras para a espontaneidade e a interação e facilita que as pessoas se retraiam e rabisquem na obscuridade. Fazemos questão de ter sempre uma ou duas cadeiras a menos do que o número de pessoas. Invariavelmente, o sujeito em pé no canto ou sentado no assoalho apresenta algumas das melhores idéias.

É importante não confundir a idéia de aglomerar as pessoas com a de colocá-las todas em um ambiente de escritório aberto, tendência que anda em alta até mesmo nas empresas mais conservadoras. Os novos escritórios da Procter & Gamble em Cingapura, por exemplo, eliminaram totalmente as salas individuais. Já não há escritórios permanentes. Todos ganham uma mesa para se instalar depois de marcar o ponto, a comunicação se dá exclusivamente por celulares e *laptops* e cada pessoa tem um pequeno gaveteiro rolante para guardar artigos pessoais. Há várias 'salas' compostas por agrupamentos, em que as pessoas se reúnem para trabalhar juntas em seus projetos. Escritórios abertos como este têm decerto suas vantagens: custam menos, antes de tudo, e pesquisadores descobriram que equipes que trabalham em 'salas de guerra' abertas tendem a ser mais criativas do que as de escritórios tradicionais.

Mas afirmamos que o trabalho em equipe não depende necessariamente de escritórios abertos ou fechados por si; em vez disso, é necessário ter as pessoas trabalhando *umas por sobre as outras.* Talvez o desconforto motive-as a trabalhar mais rápido (algumas empresas efetivamente promovem reuniões em pé com este propósito), ou o excesso de espaço dissipe as idéias. Quando os funcionários invadem o espaço uns dos outros, já não conseguem deixar de fazer sugestões, e muitas vezes essas críticas espontâneas melhoram o trabalho. Um subproduto dessa colaboração casual é o fato de que, quando o projeto está concluído, muitos sentem que tiveram parte no sucesso.

Quando nos mudamos para nossos escritórios mais recentes, a equipe de criação formada por Tom Amico e Eric David optou por compartilhar um espaço modesto, mesmo quando teve a opção de salas separadas. "Somos mais criativos quando estamos na mesma sala", diz Tom. "É mais fácil lançar uma idéia para alguém que está do outro lado do tapete do que em outra repartição. Em geral, deve-se ter o mínimo de paredes possível quando o negócio é desenvolver idéias. Divisórias podem ser um impedimento."

Outro benefício inusitado de escritórios cheios é que não há muito tempo para pensar em politicagem interna: não se pode falar pelas costas das pessoas, já que elas estão bem à sua frente. Não há onde se esconder e desligar-se. Seus funcionários passam muito menos tempo cuidando de assuntos pessoais se estiverem no meio das coisas. É um pouco difícil fazer compras pela Internet quando seu monitor pode ser visto por cinco outras pessoas. Os funcionários, em vez disso, se concentram no trabalho que está à mão.

Resta, obviamente, a questão de convencer seus funcionários de que compartilhar salas, ou eliminá-las totalmente, é a melhor coisa a fazer. Escritórios espaçosos ainda são considerados tradicionalmente um adorno dos negócios, e pode ser difícil convencer seu pessoal a abraçar a idéia de algo abarrotado. No início, nosso pessoal se queixou de que não podia se concentrar com tanta gente entrando e saindo, que ouvia as conversas de todo mundo, que se um cheque voltasse todos ficariam sabendo.

Ravi Chaturvedi, atual vice-presidente de cuidados com saúde e beleza da Procter & Gamble na China, foi o executivo que supervisionou em Cingapura a mudança para escritórios abertos. Ele resolveu o problema do ego fazendo com que a coisa parecesse um avanço. "Tínhamos um grupo multinível trabalhando com o projetista, e este grupo desenvolveu o projeto do escritório", diz Chaturvedi. "As pessoas viam o projeto e faziam comentários. Frisávamos que o escritório aberto era parte de uma ferramenta cultural. Nós o moldamos como uma intervenção cultural, para nos tornarmos o tipo de organização que almejávamos ser. Um ambiente aberto e transparente, sem esconde-esconde por trás de biombos. Também criamos cantinhos do sofá e do café, para que as pessoas possam bater papo."

É tudo uma questão de se habituar. A Dra. Ona Robinson, psicóloga e consultora administrativa de Nova York, sugere que as pessoas podem aprender a florescer em um escritório abarrotado. "Nas casas japonesas", diz ela, "embora haja bastante espaço, tem-se pouca privacidade, pois as paredes são muito finas. Com isso, o que eles aprenderam, culturalmente, foi se tornar relativamente impenetráveis. Criaram um espaço interior dentro de si mesmos. Já em nossa cultura, as pessoas, quando postas em um espaço aberto, não possuem esse espaço interior em seu íntimo. Fomos ensinados a fechar as portas para pensar. Não temos a habilidade de trabalhar às abertas".

"A capacidade de se civilizar é, afinal de contas, a capacidade de inibir a resposta a estímulos", ela prossegue. "Se você estiver em uma sala e for igualmente sensível a todos os estímulos que surgirem, acabará louca. Quando as pessoas são postas em um espaço aberto, seus cérebros ainda não estão adaptados a ele. Elas não conseguem inibir a profusão de estímulos que recebem. Com o passar do tempo, e apesar da resistência, acabam desenvolvendo essa capacidade." Pesquisas comprovaram essa idéia. Judith Olson, professora de psicologia da Universidade de Michigan e autora de pesquisas sobre escritórios abertos, descobriu que as pessoas gostam de trabalhar em grandes 'salas de guerra' mais do que esperam, e que não se deixam distrair pelas outras tanto quanto receiam.

E de fato, com o passar do tempo, os funcionários do KTG passaram a se sentir bem melhor com a proximidade. Na verdade, tornaram-se mestres em filtrar o ruído de fundo de conversas irrelevantes, permitindo ao mesmo tempo que o fluxo constante de centelhas criativas pelo ar avive as chamas das próprias idéias.

Reduza a Hierarquia

Quando o negócio é gerar idéias, a última coisa que você vai precisar é de sete linhas de comando. Um grupo ou empresa de marketing que espera produzir Big Bangs precisa estruturar-se com tão poucos supervisores quanto possível. Só com uma estrutura administrativa plana, com umas poucas pessoas detendo as rédeas do poder, é que idéias criativas podem florescer e crescer.

Digamos que um redator tenha uma idéia Big Bang que, por sua natureza, seja ofensiva ou arriscada para alguém. Se a sua for uma burocracia incômoda, o redator sentirá que o curso de ação mais eficaz será não sobrecarregar o carrinho de maçãs. Em vez de empurrar a idéia através de toda a burocracia, ele pode pensar: "Para que levar o barco adiante? Alguém no fim da linha o acabará afundando, mesmo". E então ele escreve um anúncio que ninguém detestará, preferindo a trilha de menor resistência.

> **Minimize a Burocracia**
>
> Lembra-se do truque favorito da mulher bem vestida? Vestir-se para a noite, olhar-se no espelho e remover algum acessório. Ora, o mesmo vale para a hierarquia. Dê uma boa olhada em sua organização e veja se pode eliminar algum nível. Ter menos níveis hierárquicos obriga as pessoas a *fazer* em vez de *supervisionar*. Claro, todos acabarão arcando com muitas funções. Mas isso é bom. Todos serão constantemente forçados a encarar os problemas sob múltiplas perspectivas, estando menos inclinados a delegar projetos. Quando um alto funcionário precisa estar em mais de um lugar ao mesmo tempo, pode mandar um subalterno em seu lugar. Descobrimos que, invariavelmente, o subalterno se sai muito bem, cresce em experiência e responsabilidade e muitas vezes assume definitivamente aquele encargo.

Esse é também o caminho para a mediocridade. Você ficará com uma idéia capaz de passar pelos requisitos, mas que não atravessa o teto. O excesso de burocracia elimina sistematicamente as idéias Big Bang.

Obviamente, há algumas empresas e indústrias em que a estrutura formal e hierárquica é importante. Os cientistas dependem de uma rigorosa análise de seus pares antes de poderem publicar uma palavra. Alguns setores do governo precisam de diversas camadas de aprovação para assegurar que todas as partes sejam ouvidas. E, claro, toda empresa precisa de árbitros finais para a tomada de decisões. Mas mesmo algumas das maiores corporações, inclusive a Aflac e nossa empresa detentora, o Publicis Groupe, têm cadeias de comando muito reduzidas. Com uma estrutura administrativa plana, seu pessoal passa mais tempo desenvolvendo idéias do que as aprovando.

Um modo de manter a hierarquia plana é *parar de promover as pessoas.* Na maioria das empresas a única maneira de ganhar mais dinheiro e prestígio é ser promovido. A nosso ver as empresas devem parar de criar camadas de pessoas que anseiam supervisionar e conseguir um título mais extenso. A promoção pode sair pela culatra: qual a vantagem de um grande redator se ele tem de passar o dia supervisionando redatores juniores? Picasso nunca quis ser diretor de museu. Midori não anseia ser o novo regente da Filarmônica de Berlim. A última coisa que você deve fazer é promover um grande redator a vice-presidente e dizer-lhe que administre os demais redatores. Todo mundo acabará infeliz. Liderança e criatividade são duas habilidades diferentes, e é rara a pessoa que possui ambas.

Advogamos o *avanço horizontal* em detrimento da *ascensão vertical*. Como um grande ator que alarga seus talentos interpretando papéis muito diversos, ou um músico exímio que expande continuamente seu repertório, os funcionários devem entender que seu verdadeiro valor está no desenvolvimento de suas melhores habilidades. Subir a escada pode facilmente conduzir a um local onde os maiores dons das pessoas jamais são aproveitados.

Todos parecem pensar que fortalecer o corpo de funcionários é o melhor caminho para a inovação. De acordo com os consultores administrativos Joseph H. Boyett e Henry P. Conn, autores de *Workplace 2000: The Revolution Reshaping American Business* (Mercado de Trabalho 2000: A Revolução que Remodela os Negócios na América), há nas empresas norte-americanas uma tendência à auto-administração, com as equipes dispensando um chefe ou supervisor tradicional. Seus membros é que assumem a responsabilidade pelo trabalho. Este conceito de autofortalecimento pode funcionar muito bem em alguns setores, mas não, a nosso ver, no marketing. Acreditamos que, se você arcar com toda a responsabilidade, estará liberando as pessoas para criar.

Quando se delega poder, delega-se responsabilidade, e a responsabilidade nem sempre gera criatividade. Quando as pessoas precisam exercer pleno controle sobre seus projetos, costumam ter receios de tentar alguma coisa que envolva riscos de fracasso. Mas são precisamente as idéias arriscadas que têm potencial para serem Big Bangs. Descobrimos que limitamos a evasão de riscos por parte de nosso pessoal se assumirmos o estresse da tomada de decisões. Como resultado, temos idéias melhores na mesa. As pessoas só terão idéias Big Bang se souberem que não pagarão a conta em caso de fiasco.

Quando o KTG se fundiu com a N. W. Ayer, tive uma reunião com o pessoal da Ayer e disse: "Seus títulos serão todos eliminados, pois nós não os temos no KTG. Não vou pagá-los ou dar-lhes aumentos de acordo com o número de pessoas que supervisionam. Vou recompensá-los pelo trabalho que criarem. Esse é todo valor que vocês têm para a empresa". Expliquei que o real propósito dos títulos é descrever o que você faz, e não quão importante você é. Robin e eu temíamos as conseqüências desse decreto, mas, salvo por uns poucos arranhões, passamos incólumes por elas. Hoje todos têm um título funcional que exprime sua atividade, como 'diretor de clientela' ou 'redator', mas não temos uma cadeia de vice-presidentes nem de vice-presidentes executivos.

Quando os funcionários deixam de se concentrar em recompensas relativamente insignificantes, como títulos, passam a se concentrar em recompensas que interessem, como desenvolver uma grande idéia que atraia negócios. Em vez de lutarem pela promoção, eles se concentram no que atualmente fazem direito. A recompensa nem sempre está além do alcance; ela estará lá se você fizer seu trabalho agora. Logo seu pessoal se viciará na sensação de ter tido um esplêndido dia de trabalho. E quanto mais experimentamos essa sensação, mais desejamos experimentá-la. Tirando a ênfase dos títulos e do poder, e fazendo com que as pessoas se concentrem em seu trabalho *hoje*, você lhes dá mais chances de sucesso.

Claro que fazemos um intenso uso de reforços positivos, sejam verbais sejam financeiros, como bônus ocasionais quando um funcionário traz negócios. Mas essas são recompensas que as pessoas, se quiserem, podem obter em seu trabalho todos os dias, em vez de terem de labutar por anos em busca de um título ilusório.

Comprima o Relógio

No KTG estamos sempre a milhões de quilômetros por hora. E é precisamente essa mentalidade acelerada que gera Big Bangs. Grandes idéias sempre surgem quando o prazo final está logo à vista. Paul Zuckerman, diretor de arte da *Chicago City Limits*, a trupe de improvisadores da cidade de Nova York que também presta consultoria sobre criatividade, disse-me que "as idéias não surgem lentamente. Já estive em muitos congressos de gente criativa, e comprovei em uma série de peças ou programas de televisão que a idéia original explode da noite para o dia".

Big Bangs ocorrem usualmente no último minuto possível, por isso é crucial manter a sensação de que o tempo está se esgotando.

Aqueles dentre nós que freqüentaram a faculdade de administração aprenderam a passar muito tempo analisando e racionalizando. Aprendemos que as boas decisões são tomadas com base em considerações prudentes. Não em marketing. As idéias em marketing são como carne de peixe. Não melhoram com o tempo. Muitas empresas, contudo, não se dão conta disso. Elas simplesmente sofrem de inércia. Reuniões para marcar reuniões. Cinco camadas de aprovação. Estratégias para desenvolver estratégias. É um milagre que alguma idéia sobreviva nesses ambientes. O que pode começar como inovador murcha na vinha ao ser analisado e refinado.

Se você mantiver a sensação de que não há um minuto a perder, acabará com um grupo de pessoas sempre prontas para criar, constantemente alertas e, acima de tudo, *atentas*. A atenção é o supra-sumo de tudo, de acordo com Mihaly Czikszentmihalyi autor do *best-seller A Psicologia da Felicidade*. "Como a atenção determina o que aparecerá ou não na consciência", ele escreve, "e como ela é também necessária para promover quaisquer outros eventos mentais — como a recordação, o pensamento, a sensação e a tomada de decisões —, é conveniente considerá-la como uma energia psíquica. A atenção é como a energia no sentido de que sem ela nenhum trabalho é realizado, e de que ela se dissipa na realização do trabalho".

E nada fixa mais a atenção das pessoas do que o medo de que alguém vai levar a bolada se elas não agirem imediatamente. É como aquela estereotípica cena de filmes de ficção científica em que asteróides passam por você a zilhões de quilômetros por hora, a adrenalina se instaura e em um átimo você salva a vida de todos. As pessoas dão o seu melhor quando sentem que a hora é agora.

Sandy Beall, presidente e CEO da Ruby Tuesday, deve o sucesso de sua cadeia de restaurantes à capacidade de a empresa agir rapidamente. "Somos mais rápidos no gatilho do que a maioria das organizações. Dirigimos nosso negócio em uma base semanal. Estamos sempre lançando idéias e tomando decisões capazes de provocar grandes impactos. Executamos tudo em um ritmo frenético. Há pessoas que pesam e analisam demais as coisas, e a oportunidade as deixa a ver navios". E isso funcionou. A empresa surgiu em 1972 com um único restaurante, e hoje conta com 650 por todo o mundo.

Em meados dos anos 80, quando o departamento de animação da Disney estava indo a pique — conta Joe Flower em *Prince of the Magic Kingdom: Michael Eisner and the Re-Making of Disney* (Príncipe do Reino Mágico: Michael Eisner e a Reformulação da Disney) —, Eisner agendou um reunião ao estilo *gong show* em uma manhã de sábado, à qual todos tinham de comparecer levando cinco idéias. "Tal sistema se tornou o favorito quando se tratava de alavancar divisões ou projetos que requeriam vida nova", diz Flower. "Para que o departamento de animação da Disney sobrevivesse, ele precisaria de várias idéias com potencial de bilheteria." No final da reunião, Eisner e seu assistente, Jeff Katzenberg, tinham todo um estoque de idéias, inclusive uma inspirada em um conto de fadas de Hans Christian Andersen. Em circunstâncias normais o processo de aprovação levaria semanas, e mesmo meses, comenta Flower, mas na segunda-feira os animadores receberam luz verde para produzir o conto de fadas — e logo crianças por todo o país estavam vendo *A Pequena Sereia*.

Outro exemplo do poder da inspiração sob pressão me foi relatado recentemente por Phil Dusenberry, ex-chairman da BBDO North America. Anos atrás ele vinha concorrendo pelos negócios da GE, que, na época, empregava várias agências de grande porte para cuidar de suas diversas linhas de produtos, e decidiu concentrar todas as linhas em uma única agência. Pediu, assim, que suas agências concorressem pela conta, e quem vencesse levava tudo. "Na noite anterior à apresentação, tínhamos tudo pronto", lembra-se Dusenberry. "Tínhamos os comerciais, os roteiros, a música. Tínhamos tudo, exceto um detalhe. A chamada da campanha. Alguém tinha escrito uma frase batida: 'Fazemos aquilo que faz a vida ser boa', coisa que mais parece uma linha de memorando do que uma chamada publicitária. Assim, fui para casa e fiquei sentado até as duas da manhã, até finalmente escrever a frase que a meu ver poderia servir de chamada para a campanha."

Na manhã seguinte, o CEO Jack Welch entrou em uma sala na qual havia três telas gigantescas com a inscrição: "Trazemos coisas boas à vida".

"Ele adorou a chamada no momento em que viu, e soubemos ali que tínhamos ganhado a concorrência", disse Dusenberry. Com efeito, dois dias depois ele foi informado por telefone que arrebatara o negócio. A chamada se tornou o mantra da GE, e vigorou por quase duas décadas.

No mercado de hoje a diferença entre um Big Bang e um Big Bust[*] pode ser contada muitas vezes em dias, como revela a história da assombrosa reviravolta da Continental Airlines. Em 1994, a empresa estava prestes a declarar falência *pela terceira vez*, quando Gordon Bethune assumiu o comando. Em seu livro *From Worst to First* (De Pior a Primeira), que oferece uma visão interna da notável recuperação da empresa, Bethune conta que a Continental era um local horrível para trabalhar e uma

---

[*] Uma 'Grande Quebra'. (N. do T.)

companhia aérea horrível para viajar. Ela figurava consistentemente no fim de quaisquer listas. Funcionários como carregadores de bagagem e mecânicos que tivessem seu símbolo na camisa arrancavam a estampa, de modo que, quando parassem no Wal-Mart a caminho de casa, ninguém soubesse que trabalhavam na Continental.

Quando assumiu as rédeas, Bethune podia ter implementado um grande plano qüinqüenal para recuperar a empresa. Em vez disso, concentrou-se em problemas que poderia resolver em 60 dias: fazer com que os aviões chegassem no horário. Dispensar rotas que dessem prejuízo. ("Por que voamos seis vezes por dia de Greensboro, na Carolina do Norte, para Greenville, na Carolina do Sul?", observou famosamente certa vez. "Quem é que tem uma namorada lá?")

Uma de suas primeiras diretivas foi exigir que todos os aviões tivessem a mesma aparência. Isso não era pouco: a empresa havia surgido como um amealhado de pequenas empresas, como a People's Express, reunidas sob a égide da Continental. Muito poucos aviões se pareciam entre si. E remodelar um avião é extremamente dispendioso, não apenas pelo trabalho envolvido, como também pela renda perdida enquanto estiver fora de serviço. Isso não vinha ao caso, disse Bethune; e exigiu que todos os aviões fossem repintados em *60 dias*. Não é preciso dizer que o foram, e que a Continental experimentou uma das mais célebres reviravoltas na história das companhias aéreas.

A moral da história é esta: *o tempo não ajuda*. Quando um prazo está no futuro distante, todos podemos encontrar um milhão de coisas para fazer. No KTG, fazemos de conta que o prazo acaba *agora*. Quando alguém emperra em uma idéia, todos deixamos o que estamos fazendo e passamos a sessões de *brainstorming* até que a crise seja resolvida. Pensamos: "Que diabo, estamos todos aqui, vamos resolver essa joça". Quando precisa tomar decisões em pouco tempo, você se esquece de tudo, exceto do assunto em pauta. Sob a intensa pressão do momento as pessoas se concentram para valer, e de repente se vêem com um milhão de idéias. Lembre-se de todas aquelas redações que você milagrosamente conseguiu escrever na noite antes da entrega.

Procuramos criar um ambiente de panela de pressão em nossa empresa, exigindo soluções instantâneas. Se você der tempo demais às pessoas, acabará criando inibições que desbotam as melhores idéias. Em vez disso, deixe-as na ribalta, para que não tenham tempo de editar seus pensamentos. Teresa Amabile, professora da Harvard

Business School, estudou a criatividade e a inovação em ambientes grupais e declarou, na *Harvard Management Update*, que "quando um membro da equipe não tem trabalho suficiente ou prazos a cumprir, você pode acabar privado de suas melhores idéias, de seus níveis máximos de motivação, ou mesmo de sua atenção".

Phil Lee, psiquiatra esportivo de Nova York e co-autor de *Shrink Your Handicap: a Revolutionary Program from an Acclaimed Psychiatrist and a Top 100 Golf Instructor* (Minimize suas Deficiências: um Programa Revolucionário, por um Psiquiatra Renomado e um dos Cem Melhores Instrutores de Golfe), observa que atletas que hesitam estão brincando com fogo: "Dizem que o golfe é um jogo mental. E com razão. Talvez não haja esporte em que seu estado psicológico cause tamanho estrago em seu desempenho físico. A razão predominante para isso é o tempo — o extraordinário intervalo de tempo entre as tacadas. Em uma partida de quatro horas passa-se no máximo quatro minutos acertando a bola. As três horas e cinqüenta e seis minutos que restam são um viveiro de dúvidas e ansiedade. É difícil praticar bem um esporte quando há tanto tempo para pensar.

"Em atividades não esportivas o excesso de tempo pode ser igualmente prejudicial. Todos sabem que na hora do vestibular o melhor é usar sua primeira resposta, a menos que você tenha uma ótima razão para mudá-la. Tempo demais para pensar também pode levar a segundos palpites e mau desempenho."

Uma maneira de conseguir que as pessoas se mexam é criar falsos prazos. No ano passado, trabalhando para a divisão de barbeadores da Panasonic, planejávamos

---

Entre em uma Dieta de E-mails

O e-mail é um dos maiores desperdiçadores de tempo na vida corporativa. O que antes se resolvia em uma reunião simples e rápida agora exige dias de troca de e-mails. Robin, Gerry, Lisa e eu passamos certa vez um dia e meio trocando e-mails para decidir quais sextas-feiras o pessoal poderia folgar no verão. O tempo que passamos mandando e-mails provavelmente equivaleu a um dos dias de folga! Não anexe metade dos endereços da empresa à sua mensagem, só para salvar o lombo. Elimine aquelas réplicas corteses — "Obrigado!" ou "Bom trabalho!" ou "Boa idéia!" — e limite-se a e-mails que ponham as coisas em andamento.

gravar um anúncio nas ruas, com nosso ator entrevistando rapazes que circulassem pelo local. Previa-se que tudo levaria três ou talvez quatro dias. No primeiro dia, nosso pessoal saiu pela porta na maior tranqüilidade, vendo a jornada à sua frente como mero aquecimento.

Sem essas molezas. Parei o pessoal e disse: "Quero que mudem totalmente de mentalidade. Quero que finjam que hoje é o dia da gravação. Quero que voltem ao fim do dia com o comercial totalmente feito. Quero que me mostrem algo brilhante".

A princípio todos me encararam e disseram: "Você não entende, temos quatro dias para fazer isso". E eu disse: "Não, *vocês* é que não entendem. Vão fazer o anúncio hoje, vão chegar com um comercial pronto, e o resto vai ser sopa". Postos em ação, eles saíram e conseguiram tomadas incríveis — as melhores dos quatro dias.

Outro modo de manter as coisas em andamento é promover suas reuniões como se fossem sessões improvisadas. Na improvisação existe um exercício chamado "sim — e", em que você tem de responder como se tudo o que seu parceiro diz fosse verdade, mesmo que não seja. Não há tempo para pensar sobre a resposta certa. Não há literalmente tempo para ponderar. Você simplesmente reage.

Dizer sim mantém a discussão viva, afirma Keith Johnstone em *Improv: Improvisation and the Theatre* (A Improvisação e o Teatro). "Aqueles que dizem 'Sim' são recompensados pelas aventuras que têm", observa Johnstone, "e os que dizem 'Não' são recompensados pela segurança que conseguem. Há muito mais gente por aí dizendo 'Não' que 'Sim', mas é possível treinar um tipo para agir como o outro". Se você responder a uma sugestão com um 'Não', estará arriscando humilhar seu pessoal, o que é fatal para a criatividade. Uma resposta positiva, por outro lado, mantém todos avançando em velocidade máxima.

Uma técnica que usualmente funciona para trazer idéias à mesa é instilar certo grau de ansiedade nas pessoas, para mantê-las a toda. Cinco dias antes de uma importante reunião com um cliente prospectivo, reuni o pessoal e disse: "Não temos nada. É terrível, é horrível. Não temos nada". É um exercício que deixa as pessoas nervosas, mas com freqüência o nervosismo é precisamente o que inspira boas idéias. Lembre-se do momento frenético em que os engenheiros da Nasa receberam a ordem de criar um filtro de dióxido de carbono para os astronautas da *Apollo 13* encalhados no espaço. Eles foram notificados de todo o conteúdo da cápsula espacial dos astronautas e tiveram de improvisar um novo filtro em questão de horas. E conseguiram. A corretora Cantor Fitzgerald, uma das principais vítimas do atentado terrorista contra o World Trade Center, é outro exemplo. No dia 13 de setembro a empresa estava de volta aos negócios, apesar de ter perdido mais da metade de seus funcionários.

Em meados dos anos 80, eu era diretora de criação da J. Walter Thompson, encarregada da conta do Burger King. Estávamos fazendo uma campanha chamada "A Batalha dos Hambúrgueres", que comparava nosso Whopper feito no fogão com o Big Mac do MacDonald's em matéria de sabor. O Whopper venceu esmagadoramente nos testes de sabor, e nossa campanha ajudou a arrancar algumas das sementes de gergelim dos pães do Big Mac. Estávamos prestes a produzir uma série de comerciais, e ocupávamo-nos em escolher o elenco, quando Rob Snyder, meu diretor de arte, e nossa produtora, Pam Maythenyi, me chamaram. Eles disseram que tinham acabado de descobrir uma menininha de 4 anos engraçada demais para caber em palavras, e que tínhamos de escrever um anúncio para ela.

Eu não tinha idéia de como uma menina de 4 anos ia *comer* um Whopper, quanto mais dar um testemunho sobre ele, mas, depois que vi a fita de teste, soube que tínhamos de aproveitá-la. Uma massa de cachos castanhos envolvendo uma adorável face com covinhas, e uma presença de palco que faria vergonha a Ethel Mermann. Tomei rapidamente o avião seguinte de Nova York para Los Angeles e, em algum ponto acima de Iowa, escrevi o anúncio juntamente com o parceiro de Rob, Alan Braunstein.

Posteriormente, sobrevoando Nevada, lemos o roteiro para Greg Weinschenker, meu parceiro, e no dia seguinte gravamos um comercial absolutamente hilário chamado "Festa do Chá", dirigido esplendidamente por Weinschenker. Vinte e quatro horas depois de vermos esta garotinha, acabamos gravando um comercial que ganhou o Clio do ano por melhor desempenho infantil.

Outro truque que usamos para manter as coisas em bom andamento é comprimir o máximo possível de reuniões em uma só. Muitíssimas vezes nos negócios as pessoas marcam reuniões para decidir o tema da reunião seguinte. E todos fazem gosto em seguir o exemplo. Todavia, na maioria das reuniões, cada um só está pensando na maneira mais rápida de escapulir da sala. Se você disser "OK, voltarei em uma semana com a proposta", isso o arrancará da sala. Infelizmente, também significará que nada será feito hoje.

A melhor forma de ter uma boa reunião é antecipar a segunda reunião, e promovê-la em lugar da primeira. Se eu ler um roteiro e concluir que ele requer um final divertido, não reúno os soldados para dizer "Olhem aqui o que vocês têm a fazer" e enviá-los de volta a suas salas. Em vez disso, nós nos sentamos até descobrirmos um final que conquiste a todos.

Isso ocorre repetidamente com nossas apresentações. Na publicidade, quando você concorre por um contrato em particular, é comum que se encontre com o cliente prospectivo pelo menos duas vezes. Em primeiro lugar você apresenta sua estratégia e sua empresa, descrevendo sua maneira de fazer negócios. O cliente pode ver até umas 20 agências, e em seguida peneirar as concorrentes para chegar a um rol de finalistas. É somente neste ponto, se você for convocado, que haverá a reunião 'criativa', em que você apresenta sua campanha — suas idéias para vários comerciais.

Na primavera de 2001 fomos convidados a ser finalistas na concorrência da Coldwell Banker Real Estate Corporation. Eles estavam habituados a ajustar todo mundo da mesma maneira, e chegavam ao extremo de enviar por fax uma série de perguntas a todos os finalistas. Isso, no entender deles, ajudaria a filtrar a lista.

Bem, nós nem demos atenção a essa lista de perguntas. Enquanto trabalhávamos em uma estratégia para o cliente, achamos que poderíamos impressioná-lo se tivéssemos também uma idéia específica para a campanha publicitária. Poucos dias antes de visitá-lo, desenvolvemos algo hilariante e perfeito para uma corretora de alta classe. No dia da reunião, e apesar de sabermos que ela não devia incluir o trabalho de criação, apresentamos nossa campanha publicitária. Era uma idéia com corretores dançando tango com seus clientes, ilustrando o conceito de que a Coldwell Banker é seu "parceiro perfeito". Contornamos o processo, o cliente não conseguiu tirar nosso tango da cabeça, e poucas semanas depois ganhamos o contrato.

A campanha aumentou o índice de reconhecimento da marca pelos consumidores em quase 35%.

Comprimir seu pessoal, seu tempo e seu espaço prepara o palco ideal para Big Bangs. Mas como organizar o processo criativo em si?

Bem, você começa tornando-se *desorganizado*...

CAPÍTULO

4

PROMOVA O CAOS

Se há algo que não podemos encomendar pela Amazon.com, é uma grande idéia. E essa, todavia, é a mercadoria mais valiosa do marketing. Mas como treinar as pessoas para que tenham boas idéias? Como impedir que percorram as mesmas trilhas batidas para pensar em algo novo?

A resposta, como descobrimos, é abraçar o caos. Por quê? Porque a criatividade não é lógica. William James, na década de 1880, descreveu a criatividade como "um caldeirão efervescente de idéias, em que tudo se agita e borbulha em um estado de desconcertante atividade, em que parcerias podem ser feitas ou desfeitas em um instante, em que a rotina mecânica é desconhecida e o inesperado não parece senão a lei". Para destravar o potencial criativo de todo mundo em sua empresa, você precisa admitir certo grau de desorganização.

O pensamento não-linear é fundamental para o mundo cambiante de hoje, observa Irene Sanders, diretora-executiva do Washington Center for Complexity and Public Policy. Não podemos nem mesmo prever o tempo com precisão, quanto mais o comportamento humano. Como resultado — ela afirma —, seja nos negócios, seja no governo, o caos nos permite ver além das meras relações de causa e efeito, para nos concentrarmos em idéias mais intuitivas e associativas. Em um artigo recente do *Washington Post* sobre a guerra ao terrorismo, Sanders alerta contra os riscos de subestimar a complexidade de nosso mundo hodierno: "Por tempo demais nossos estabelecimentos militares e de inteligência simplesmente analisaram o passado para antecipar o futuro — empregando o que se chama comumente de pensamento linear. Quando acha que possui todas as respostas, você deixa de fazer perguntas". Esta é uma das razões, segundo Sanders, por que nosso governo não conseguiu prever os ataques de 11 de setembro.

Em marketing, o pensamento não-linear é a única maneira de atrair a atenção do evolutivo consumidor de hoje. E o pensamento não-linear só pode ocorrer no ambiente certo. Tivemos vários casos em que alguém surgiu para trabalhar conosco trazendo um currículo sem brilho e passou repentinamente a produzir acerto atrás de acerto. Em nossos escritórios relaxados e informais, as pessoas criativas sabem que estão em um lugar onde tudo vale, onde nenhuma via está além dos limites, onde qualquer coisa é possível. Nos anos 80, o CEO da IBM, John Akers, fracassou em grande parte devido a sua atmosfera estupidificante. Ele "acreditava em continuidade, em mudança gradual e incremental", dizem Foster e Kaplan em *Destruição criativa*, e, todavia, "o mundo que Akers e a IBM conheciam estava mudando sob seus pés, conforme a predominância dos *mainframes* se desvanecia". A empresa, que até então havia prosperado com a organização, simplesmente não conseguia avir-se com o caos imposto ao mercado por maníacos da informática que labutavam em porões.

Mesmo a pessoa mais criativa do mundo pode ser sufocada por uma atmosfera de confinamento. Segundo a Dra. Ona Robinson, psicóloga nova-iorquina, "um dos problemas com as pessoas criativas é que elas com freqüência não levam as coisas até o fim. Isso ocorre porque conseguem pensar em muitas possibilidades ao mesmo tempo". É algo similar à teoria quântica, em que toda permutação possível de um evento é possível até que ele efetivamente ocorra — ponto em que somente uma permutação é possível e todas as demais possibilidades são descartadas.

A empresa Big Bang precisa manter uma atmosfera de possibilidades perpétuas pelo máximo de tempo possível. Claro que, no fim das contas, decisões devem ser tomadas, mas muitíssimas organizações encerram a discussão cedo demais no afã de serem eficientes — e acabam perdendo para concorrentes capazes de agüentar o caos do pensamento não-linear.

Abraçar o caos significa aceitar o fato de que grandes idéias, fabulosas, tremendas podem advir muitas vezes de outras, monótonas e aparentemente despropositadas. Mihaly Czikszentmihalyi, psicólogo e autor de *A Psicologia da Felicidade*, lembra que "Arquimedes não foi o primeiro a ver uma banheira transbordar, nem Newton a queda de uma maçã, nem Watt o vapor saindo de uma chaleira, mas esses três notaram as implicações mais amplas desses acontecimentos triviais e quase corriqueiros".

Eis aqui uma história recente de sucesso do KTG, que teve início com uma idéia efetivamente trivial.

Adicione Leite

No outono de 2000 o KTG ganhou um projeto para o leite Parmalat. Estávamos empolgados por ter conseguido o negócio, mas precisávamos desenvolver uma idéia para um novo leite desnatado enriquecido com vitamina E. Como de costume, na véspera do dia em que teríamos de apresentar alguma campanha estupenda para os sujeitos da Parmalat, não tínhamos nenhuma idéia que servisse.

Eram dez da noite, e umas oito pessoas do departamento de criação se atulhavam em meu escritório. O cliente nos havia fornecido uma pilha de papéis acerca dos benefícios da vitamina E, informando como ela ajuda a pele a ficar vibrante e clara e é boa para sua saúde em geral. Ficamos um bocado de tempo tentando em vão inventar algo nessas linhas. Era incrivelmente frustrante. Em uma hora de desânimo, chegamos a passar cinco minutos tentando encontrar uma palavra que rimasse com 'epiderme'. Isso não está nos levando a lugar algum, pensei comigo, e comecei a falar de minhas lembranças mais remotas envolvendo leite.

Alguém se pôs a falar de intolerância à lactose. Outra pessoa disse que bebia muito leite. Logo todos estavam vibrando em reminiscências da infância.

A maioria dos chefes, a essa altura, teria repreendido o pessoal e obrigado todos a regressar ao assunto em pauta. Mas aprendi que mentes criativas precisam justamente desse tipo de divagação para que a criatividade se incendeie. Por isso deixei que a conversa fluísse.

"Eu costumava achar que o leite achocolatado vinha de vacas achocolatadas", disse Gerry Killeen, nossa diretora de serviços de criação, rindo.

"Eu adoro o sabor de leite desnatado", comentei a certa altura.

"Como você pode gostar de leite desnatado?", esbravejou Robin Schwarz, uma de nossas redatoras. "Tem um gosto horrível! É como água branca!"

"Ora, eu comecei a tomar quando era criança, e acho que me habituei."

"Quando eu era criança", respondeu Robin, "eu nem sabia o que era leite desnatado [em inglês *skim milk*]. Eu não conhecia a palavra *skim*, por isso achei que todos o chamavam de *"skin milk"* ["leite para a pele"].

Então, todos paramos de falar e de súbito nos demos conta. Heureca! *Skin Milk* era a maneira *perfeita* de descrever esse produto com vitamina E. A partir daí criamos o anúncio: no início surge uma bela substância branca rodopiando em uma jarra. Enquanto o anunciante discorre sobre esse novo e maravilhoso produto para a pele, enriquecido com vitamina E, você acha que está vendo um anúncio de creme facial. Então a câmera recua e você vê uma mulher pondo a mão em torno da jarra e bebendo o conteúdo. O anunciante diz: "É o leite desnatado Parmalat, enriquecido com vitamina E, mas preferimos chamá-lo de *Skin Milk*". Quando mostramos ao pessoal da Parmalat na tarde seguinte, eles adoraram.

Ora, toda aquela discussão secundária e a esmo às 10 horas da noite, às vésperas de uma reunião importante, pode parecer muito ineficaz. No entanto, quando permitimos que as pessoas sejam intuitivas, em vez de forçá-las a se ater ao tema, associações interessantes são feitas e grandes idéias afloram à superfície. O especialista em criatividade Roger von Oech observa que os reis renascentistas tinham um bobo da corte à mão justamente para dar uma remexida nas coisas: "Era função do bobo parodiar qualquer proposta em discussão para fazê-la aparecer sob nova luz. Ele podia exaltar o trivial, trivializar o exaltado, ou inverter a percepção comum de uma situação. Exemplo: 'Se um homem estiver montado de costas em um cavalo, como saber que é o homem que está de costas, e não o cavalo?' Resultado: ele deslocava os pressupostos das pessoas e lhes permitia ver as coisas sob nova luz".

Uma empresa Big Bang permite que as pessoas reúnam de maneira não-convencional elementos existentes, que pensem lateralmente em vez de linearmente. Chamamos a isso de teoria do caos da criatividade, e logo a seguir discutimos como promovemos o caos em nossa empresa.

PROMOVA O CAOS

ESTA INTELIGENTE CHAMADA PARA UM LEITE ENRIQUECIDO COM VITAMINA E DESNATOU-SE DE UMA CONVERSA TOTALMENTE CASUAL.

Deixe de Ser Tão Educado

Muitos chefes corporativos passam um tempo desproporcional cuidando para que tudo seja decoroso. Fluxogramas ditam o progresso de cada projeto. Críticas são apresentadas delicadamente. Exige-se certa etiqueta no escritório, onde todos são polidos, ninguém levanta a voz e a irreverência pode torná-lo à prova de promoções. É quase como se pendurassem uma placa dizendo: "Hã-hã, agora estamos em negócios, não cantamos nem falamos de nossa vida pessoal. Passamos um punhado de material de leitura e olhamos gráficos". Quanto tempo perdemos ajustando nosso trabalho a um padrão profissionalesco preestabelecido!

Pouca gente tem idéias brilhantes e inovadoras em uma atmosfera dessas! Claro que há uma hora e um local para comportamentos profissionais, mas, se você passar o tempo todo se preocupando com fluxogramas decorosos e etiqueta social, acabará anulando o livre fluxo de idéias. A longo prazo, é muito mais produtivo *minimizar* a ordem.

Em seus primeiros dias, a 3M era um exemplo clássico de empresa que se beneficiava de uma atmosfera de fronteiras flexíveis. O resultado foi uma longa lista de Big Bangs. No início dos anos 20, o principal produto da empresa era ainda a lixa de papel, mas isso não deteve um funcionário que se viu por acaso em uma oficina de automóveis. Ele ouviu um pintor reclamando que não conseguia pintar carros em dois tons (na época a maior onda) sem deixar manchas e linhas tremidas. O funcionário da 3M voltou ao escritório e inventou a fita crepe — muito embora não tivesse recebido ordens formais para resolver o problema. Essa descoberta acabou levando à fita Scotch e finalmente aos Post-its. Como Collins e Porras observam em *Feitas para durar*: "Embora a invenção dos lembretes Post-it possa ter sido um tanto acidental, a criação do ambiente da 3M que a possibilitou foi tudo, menos acidental".

Você tem de criar um ambiente que permita que as sinapses se conectem de maneiras inusitadas. E, para isso, precisa conseguir que as pessoas liberem a imaginação e desativem suas defesas. O brilhantismo e a criatividade requerem mentes livres da preocupação mesquinha de ter dito a coisa certa. Pessoas relaxadas são mais criativas e mais dispostas a dizer o que quer que lhes ocorra.

Um dos melhores meios de incentivar a informalidade é simplesmente andar à toa. Em *Lincoln on Leadership: Executive Strategies for Tough Times* (Lincoln sobre a Liderança: Estratégias Executivas para Tempos Difíceis), o escritor Donald T. Phillips conta como o presidente passava a maior parte do dia vagando pelos escritórios dos membros de seu gabinete, entabulando conversas casuais ou aparecendo em reuniões para um rápido bate-papo. "Para Lincoln", escreve Phillips, "o contato casual com seus subordinados era tão importante quanto reuniões formais, ou até mais importante. [...] Ele preferia, sempre que possível, interagir com as pessoas quando elas estavam em um ambiente mais relaxado e menos sujeito a pressões".

A 'Teoria do Andar à Toa' estimula as pessoas a sair de seu escritório ou posto e se misturar com os colegas. Muitas vezes discutimos idéias com pequenos grupos casuais pelos corredores, ou fazemos reuniões improvisadas com quem quer que esteja por perto. É importante que as pessoas se sintam desinibidas e livres para adentrar o espaço pessoal das outras.

O executivo da P&G Ravi Chaturvedi passa boa parte de seu dia vagando pelos escritórios. "Não há dúvida de que recolhemos muita coisa meramente andando por aí e perguntando: 'Em que você está trabalhando, e como posso ajudar?'", diz ele. Em vez de agendar reuniões formais com gente que deve trazer idéias finalizadas, Chaturvedi tem reuniões semanais de pauta aberta, com pessoas que podem levantar qualquer problema. "Não chego nem mesmo a formular a pauta, ou essas pessoas só me verão com sugestões para que eu lhes diga 'sim' ou 'não'. Além disso, tenho todos os meses um 'Bate-papo à Lareira', em que elas podem simplesmente conversar comigo sobre o que quer que tenham em mente. O objetivo é que não tenhamos uma mera reunião de 'sim' ou 'não.'"

No KTG, incentivo as pessoas a visitar meu escritório sempre que acharem que têm uma idéia. Duas cabeças (quase) sempre pensam melhor que uma. É então que as

Aceite a Bagunça

Escritórios bagunçados são muitas vezes um indício de idéias se filtrando. Documentos antigos, fitas de vídeo e roteiros que se empilham no peitoril das janelas podem precisar apenas de algum tempo para amadurecer sob a luz do sol. Assim, durante uma limpeza semestral obrigatória (digamos, quando aparecem os limpadores de vidraça), aquele esboço pela metade pode projetar nova luz sobre um projeto atual. No KTG, descobrimos que este ciclo de coleta e peneiramento obrigatório é um bom deflagrador de criatividade — por isso aceitamos alegremente a desordem em certos cantos. Por vezes, uma idéia que não parecia decolar com um cliente se mostra a solução ideal para outro.

centelhas se acendem. Um exemplo ideal disso ocorreu no final da década de 90, quando trabalhávamos na campanha para a Cruz Vermelha Americana. Estávamos em busca de algo que explorasse toda a febre do milênio. Certa manhã, a redatora Robin Schwarz entrou em minha sala sem se anunciar e disse: "Achei. Você vê um bebê e o anunciante diz: 'Quando esta menina tiver 8 anos, haverá um terrível incêndio, e a Cruz Vermelha Americana salvará sua casa. Quando tiver 21, ela sofrerá um acidente, e a Cruz Vermelha lhe doará sangue. Então ela terá um filho, e virá um terrível tornado, e a Cruz Vermelha reconstruirá a cidade'".

"Que é isso, Robin?", eu disse, deixando o que estava fazendo. "Quem é a Cruz Vermelha — Deus? Como é que ela sabe de tudo isso? Como podem saber o que vai acontecer — espere! *E se virássemos isso tudo ao contrário?*"

Trabalhamos juntas por outros dez minutos e desenvolvemos um roteiro que a Cruz Vermelha Americana adorou. "Um novo século está chegando. E com ele vêm mil perguntas. Haverá paz? Sua família sofrerá desastres? Alguma cidadezinha do Texas será assolada por furacões? Sua filha precisará de um novo tipo de transfusão de sangue? Aquele homem simpático que lhe entrega o jornal todos os dias precisará de uma mão à que se apegar em um momento de necessidade? Não temos bola de cristal. Só temos uma promessa: nós estaremos lá."

Embora a idéia original fosse rudimentar e exigisse melhorias, Robin sentiu-se à vontade para recorrer a mim. Enquanto muitos funcionários se sentem compelidos a só apresentar trabalhos perfeitos a seus chefes, o pessoal do KTG sabe que muitas vezes conseguimos idéias ótimas a partir de idéias mal passadas.

Por fim, promovemos uma atmosfera liberal no KTG tolerando comportamentos que não cairiam bem na maioria das escolas de enfermagem. Deixamos que as emoções peguem fogo. Em muitas culturas corporativas, a discussão e o confronto abertos simplesmente não são tolerados. A nosso ver isso resulta em um comportamento negativo de agressividade passiva. Nós, em vez disso, permitimos discussões acaloradas e críticas diretas (desde que ninguém profira ofensas pessoais).

Também toleramos um humor rasteiro que seria castigado em outras partes. Rir deixa todo o mundo mais solto. Freud, em *Os Chistes e Sua Relação com o Inconsciente* (Freud não era muito descontraído em matéria de títulos), escreveu que a essência do humor está na habilidade de a pessoa traçar similaridades entre idéias e pensamentos díspares. Ver um fino cavalheiro escorregar em uma casca de banana provoca o riso, ao passo que um macaco que escorregue em uma casca de banana só parece ter derrubado seu almoço. Contar piadas ajuda todo mundo a fazer o tipo de associações disparatadas que podem conduzir a idéias brilhantes.

Deixe que os Funcionários Encontrem Seu Nicho

Não é necessário um membro da Mensa para saber que as pessoas trabalham melhor quando estão fazendo o que fazem melhor. Quando decidi abrir uma empresa, convidei um punhado de pessoas para subir a bordo. Entre as primeiras que disseram sim (além, naturalmente, de Robin), estava Gerry Killeen, uma amiga com quem eu havia trabalhado durante anos. Eu me lembrava de que, além de ser uma talentosa redatora, Gerry tinha a capacidade de organizar e motivar pessoas criativas. A ruína da maioria das agências iniciantes não se deve à falta de idéias, mas à mera incapacidade de conseguir que o trabalho seja feito, de cuidar para que as pessoas empreguem bem o seu tempo e de certificar que os roteiros estão de fato na pasta antes de você sair para o aeroporto. Precisávamos de alguém capaz de fazer tudo isso.

Eu não tinha nenhuma descrição do cargo quando ofereci emprego a Gerry. Durante a entrevista, ela me perguntou o que deveria fazer. Eu disse: "Não sei, mas sei que você estará ocupada, muito ocupada". Hoje, Gerry é diretora administrativa de serviços de criação, organizando não somente o trabalho criativo do KTG, como também comandando muitas de suas operações internas. Ela também é excelente para criar *slogans* de uma só linha, por isso toma parte freqüentemente das reuniões de criação. Se tivesse jeito para cirurgias do coração, contudo, nossa agência estaria concorrendo com o Cedars-Sinai por pacientes.

Quando contratamos alguém, começamos deliberadamente dizendo: "Sim, queremos contratar você porque o achamos muito talentoso e muito brilhante". E então dizemos à pessoa que crie sua função. Claro que sempre temos em mente uma descrição geral do cargo, mas tudo funciona melhor se a pessoa puder descobrir onde ela própria se encaixa. Como observa Gerry: "Quando uma pessoa sabe que é limitada somente pela imaginação — e não pela descrição do cargo —, isso gera uma atmosfera elétrica, com carga positiva, que beneficia a todos".

Temos assistentes que pesquisam músicas para apresentações de criação, contadores que comparecem a sessões de produção, diretores de arte que redigem textos

> **Dê um Fim nas Luzes**
>
> O brilho esverdeado, gélido e ruidoso das lâmpadas fluorescentes comuns "pode ser um obstáculo que impede o fluxo da criatividade", diz Angela Casola, psicóloga da saúde de Denver, no Colorado. É sem dúvida uma proposta dispendiosa renovar a iluminação de seu escritório inteiro, mas há uma maneira mais barata. Nos primeiros dias do KTG, quando começamos a notar que as pessoas preferiam sentar-se em uma virtual escuridão a acender as lâmpadas no teto, fizemos uma visita à IKEA. Com um investimento de 15 dólares por funcionário, todos trabalham sob o brilho caloroso da iluminação incandescente indireta.

para vídeos. Não faz muito tempo, convidamos David Mester, editor de filmes na Blue Rock Editing Company, empresa sediada em Nova York, para nos ajudar a refinar os vídeos que o KTG usa em suas apresentações. Logo de início, porém, ficou evidente que Mester é muito mais que um editor. Ele se revelou um grande escritor e ator. Começamos a lhe pedir que fizesse todos os vídeos de nossa 'marca" — clipes que apresentam o KTG a clientes prospectivos — e que nos ajudasse a organizar as apresentações nas reuniões. Se houvéssemos erguido barreiras estritas entre os departamentos, contudo, nunca teríamos descoberto que grande recurso é esse sujeito.

Quando deixamos que as pessoas vagueiem por outros territórios, obtemos outro benefício: uma nova perspectiva. Empresas de sucesso implementaram essa idéia em seus negócios designando certo número de gerentes de produção que devem se alternar de equipe em equipe, promovendo a polinização cruzada entre os laboratórios — segundo informam Collins e Porras, em *Feitas para durar.*

Em uma empresa voltada ao cliente, esse conceito pode obviamente ser difícil de vender. A maioria dos clientes prefere um relacionamento tradicional, em que o pessoal de atendimento é responsável pelo mesmo cliente por anos a fio. Desse modo, as coisas parecem mais organizadas. O resultado, contudo, é que muita gente em nosso negócio pode ficar bitolada por trabalhar nas mesmas coisas indefinidamente. Sabem tudo o que há para saber em uma categoria como a dos doces gelados (pense em Dove Bars), e pouca coisa além disso. Até que, no fim das contas, você fica com um funcionário que durante anos não teve nenhuma idéia nova, e que de sobra ganhou uns dez quilos!

Nós costumamos desestimular esse sistema. Sim, os clientes assumem riscos quando revelam informações confidenciais a mais de uma pessoa. Em troca, porém, ganham gente intelectualmente estimulada que adora o que faz. Os clientes têm muito mais chance de conseguir um Big Bang se a pessoa que os atende tiver a oportunidade de trabalhar ao mesmo tempo em muitos segmentos de negócios. Foster e Kaplan, em *Destruição Criativa*, observam que trabalhar em várias coisas de uma só vez "é um padrão comum entre indivíduos criativos; isso impede que fiquem aborrecidos ou estagnados, e produz uma inesperada fertilização cruzada de idéias".

Procure Idéias em Lugares Inesperados

Big Bangs podem surgir a qualquer momento e em qualquer lugar, mas você precisa estar aberto para vê-los. Não deve se atrelar àquilo que pode ou não pode ser. Considere as seguintes idéias exóticas, que dificilmente resultariam de mentes limitadas. Pesquisadores da marinha, tentando desenvolver um braço robótico mais flexível, estudaram polvos. Matemáticos da Rutgers University que buscavam técnicas inventivas para a solução de problemas recorreram ao origami. Idéias Big Bang resultam usualmente da criação de associações curiosas ou indiretas, em que ninguém até então tinha pensado.

Há um pressuposto da teoria do caos chamado *princípio borboleta*, que afirma que qualquer evento, por menor que seja, tem um efeito em cadeia que pode ser imenso. No livro *Does God Play Dice? The Mathematics of Chaos* (Deus Joga Dados? A Matemática do Caos), Ian Stewart o explica desta forma: "O batimento das asas de uma borboleta produz hoje uma ínfima mudança no estado da atmosfera. Com o passar do tempo, o que a atmosfera efetivamente faz diverge do que teria feito. Com isso, no intervalo de um mês, um tornado que teria devastado a costa da Indonésia não se concretiza. Ou talvez o que não ocorreria passa a ocorrer".

Em outras palavras, coisas aparentemente inconseqüentes podem deflagrar uma reação em cadeia que conduz a algo gigantesco. Um pensamento, palavra ou idéia de algum dos reinos da vida pode influenciar as reflexões sobre um projeto atual.

> **Rompa um Hábito por Dia**
>
> Para ter idéias inovadoras, você precisa treinar seu cérebro para fazer associações de forma incomum e indireta. Em *Keep Your Brain Alive* (Mantenha Vivo o Seu Cérebro), de Manning Rubin e Lawrence C. Katz, Ph.D., os autores explicam que usar seus cinco sentidos de maneiras inesperadas pode aumentar a criatividade. Eles dão várias sugestões: leve cinco donuts diferentes ao serviço e, quando a fome atacar, identifique-os apenas pelo olfato e pelo paladar. Escolha um caminho diferente para trabalhar hoje. Coma no almoço apenas alimentos vermelhos. O ponto não está em que hábitos você deve romper, mas em que deve adquirir o hábito de romper hábitos.

Em seu tempo como vice-presidente de publicidade e relações corporativas na Bell Atlantic, na década de 80, Chris Clouser se esfalfou por descobrir um meio de promover a empresa recém-formada. A Bell Atlantic era um conglomerado de Baby Bells, como a Bell de Nova Jersey e a Bell da Pensilvânia, e ele vinha tentando conceber um meio de esquentar a imagem da empresa. Era uma época em que os consumidores abriam suas contas telefônicas, viam o nome de uma nova empresa e pensavam: quem é essa? Em vez de ser uma mera prestadora de serviços públicos, Clouser queria que a empresa desempenhasse um papel na vida dos consumidores.

Uma noite em casa, sem pensar em nada de específico, ele estava assistindo ao jornal e soube que haveria um baixo índice de abstinência na futura corrida eleitoral entre Reagan e Dukakis. De súbito, percebeu que podia ser esse o gancho de que precisava.

Ele entrou em contato com os estrategistas de cada partido e conseguiu que concordassem em aparecer em anúncios eleitorais patrocinados pela Bell Atlantic. Os presidentes Ford e Carter apareceram juntos em um comercial que terminava com o *slogan* da Bell Atlantic: "Somos mais do que conversa". O comercial era tão bom que "interditou as vias" — apareceu em todas as grandes redes ao mesmo tempo — durante o noticiário noturno, poucos dias antes da eleição. Foi a melhor maneira de sua empresa dizer aos consumidores que ela era mais do que uma entidade sem rosto que lhes enviava contas mensais. Se Clouser não tivesse a capacidade de tirar idéias de qualquer parte e a qualquer momento, o comercial, escrito pelo talentoso Bill Lane, jamais teria acontecido.

Cheryl Berman, executiva-chefe de criação da Leo Burnett USA, tem uma história similar. Há alguns anos ela estava envolvida em um projeto para a United Airlines, e se dirigia a uma reunião no Havaí em um avião da companhia. Berman viu um dos comissários de bordo contando histórias a um grupo de passageiros sobre seu Havaí natal. Ele falava de sua avó havaiana, sobre a natureza acolhedora dos havaianos e sobre como o povo era cordial e amistoso. "Olhei à minha volta e vi todo mundo no avião hipnotizado por esse sujeito; por isso achei que, se a coisa funcionava ali, funcionaria em um comercial", relembra Berman. Na hora ela pediu o nome do rapaz e tomou notas sobre sua história. Pouco depois, o comissário de bordo estrelava um comercial da United Airlines.

Este mesmo princípio borboleta do marketing levou a um recente Big Bang do KTG.

Emagrecendo com a Blimpie

Em maio de 2002 fomos convidados para uma concorrência da Blimpie. Chegamos com uma idéia muito inovadora, e isso só porque eu tinha resolvido sair uma noite com minha filha Emily.

Fomos a um clube de comédia onde as crianças se põem de pé a contar piadas umas para as outras. Um garoto fez gato e sapato daquele Jared do comercial da Subway. Para quem não sabe, a Subway vinha fazendo uma série de comerciais com um sujeito real chamado Jared, que afirmava ter perdido mais de cem quilos comendo os saudáveis sanduíches Subway.

A Blimpie, quando contratou o KTG, estava simplesmente furiosa pelo sucesso da Subway com esses anúncios. Nos cinco anos anteriores, sua participação de mercado vinha caindo, enquanto a da Subway aumentara de 27% para 30%. A Blimpie, em suma, estava fora de si pela mordida que vinha levando da Subway.

Fui trabalhar no dia seguinte e disse: "Quer saber de uma coisa? Aquele tal de Jared é um Big Bang. Todo mundo acha que a Subway é um lugar saudável porque lá se pode comer e ainda assim perder peso. Precisamos fazer alguma coisa com esse Jared. Precisamos escrever um comercial zombando dele. Talvez não seja a campanha definitiva, mas pode trazer alguma notoriedade à Blimpie". Então escrevi um anúncio em que Jared perdia peso porque sempre que olhava um dos sanduíches da Subway vomitava.

Mas até mesmo eu censurei o vômito em horário de pico. Por isso chamei minha equipe, li o roteiro e disse: "Não podemos legalmente usar Jared em um comercial, mas talvez haja algo na idéia de ele emagrecer pelo fato de a comida não o atrair".

Uma de nossas equipes, o redator Andy Landorf e o diretor de arte Whitney Pillsbury, se mandou para uma das salas de conferência, no intuito de esboçar algumas idéias. Em um dado momento, Andy, imitando o tom eufórico de Jared, disse: "Sou magrelo deste jeito porque faço dieta — espere um minuto, já sei! Sou magrelo deste jeito porque não como coisa nenhuma. Nem comer eu como!"

"Você é magro feito um palito", replicou Whitney.

"Magro feito um varapau!"

"Feito um... um... espere aí!", disse Whitney empolgado, saindo a toda da sala. Escancarou a porta da sala de limpeza, apanhou um escovão e voltou. Escondeu-se atrás da porta da sala, mostrou o escovão, sacudindo as cerdas como se fossem tranças louras, e se pôs a guinchar: "Ei, ei! Olhem para mim! Sou tão *magrelo*!"

Andy acrescentou: "Sabem por que sou tão magrelo??? Estou naquela dieta da Subway! Vou lá almoçar, e a comida é tão ruim que *não como*!"

E assim foi criado o anúncio "Escovão" para a Blimpie:

> *Sujeito andando pela rua vê um escovão de ponta-cabeça saltitando alegremente, com as tranças desajeitadas se balançando.*
>
> *Rapaz: Ellen??? Você está tão... tão magrela!*
>
> *Escovão: Ora, sabe aquele comercial onde o sujeito perde peso comendo uns subs?*
>
> *Rapaz: Claro!*
>
> *Escovão: Bem, estou naquela dieta!*
>
> *Rapaz: Mas eles usam carne pré-fatiada. Como você pode comer esse troço?*
>
> *Escovão: Não como! É por isso que estou tão enxuta!... [Abaixa a voz.] Posso fazer uma pergunta? Pareço gorda?*

EMAGRECENDO COM A CARNE FATIADA NA HORA DA BLIMPIE.

O pessoal da Blimpie quase caiu das cadeiras de tanto rir do anúncio, que nos valeu 15 milhões de dólares em negócios. Dois meses depois o anúncio apareceu no *Saturday Night Live,* no *Frasier* e no *NYPD Blue.* E ganhou uma coluna no *Wall Street Journal.*

O desenvolvimento desse anúncio é um perfeito exemplo do efeito borboleta: saí com minha filha, ouvi uma piada sobre Jared, voltei ao escritório e disse a meu pessoal que aprontasse com esse cara. Whitney e Andy receberam o trabalho, andaram pela sala de limpeza a caminho da sala de conferência... e surgiu uma grande idéia. Como observa T. Irene Sanders, o comportamento do consumidor é um sistema complexo, e esse tipo de pensamento não-linear é a única maneira "de explorar padrões alternantes ou emoções que realmente prendam a atenção das pessoas".

Para conseguir que as pessoas enxerguem idéias em locais improváveis, você precisa incentivá-las a considerar todas as possibilidades. Quando está descendo a rua, diga a si mesmo: "Como posso associar isso ao que venho fazendo?" É daí que vêm muitas idéias Big Bang.

Foi precisamente assim que descobri uma idéia para um programa infantil da PBS. Meu filho Michael é um prodígio do xadrez, e foi tema de um livro, *The Making of a Chess Champion* (A Formação de um Campeão de Xadrez), de Barry Berg. O livro, um pilar de muitas bibliotecas do ensino fundamental, incentivou crianças por todo o país a praticar o xadrez, apesar da dificuldade. Quando me dei conta do poder desse livro, fui à PBS e sugeri um programa chamado *Amazing Kids* (Crianças Incríveis). A idéia era um programa que exaltasse crianças realmente notáveis em diversas áreas: patinação, por exemplo, ou comédia de improviso. Eu imaginava um programa totalmente interativo, com as crianças em bate-papos ao vivo ou acessíveis para dar conselhos — um programa que, enfim, celebrasse o potencial de todas as crianças realizarem seus sonhos. A PBS adorou a idéia, e espera disponibilizá-la para pais e crianças por todos os Estados Unidos. Este potencial Big Bang só surgiu por uma idéia casual que tive um dia ao folhear o livro sobre meu filho.

Outra associação casual levou a um dos mais reconhecidos ícones da América: a lata de sopa da Campbell. Em 1898, Herberton Williams, um dos cabeças da empresa, foi a um jogo de futebol americano entre as equipes rivais da Ivy Leaguers Cornell e da Universidade da Pensilvânia. Impressionado pelos uniformes vermelhos e brancos usados pelo time da Cornell, Williams teve uma inspiração ali mesmo nas arquibancadas. E se a empresa usasse essa combinação chamativa de cores em seu logotipo? Ele convenceu a companhia a fazer a mudança, e o resto é história pop.

Um de meus primeiros Big Bangs ocorreu de maneira similar, durante um rápido jantar com os amigos.

Sanduíche em fuga

No início dos anos 80, quando era redatora da J. Walter Thompson, fui incumbida de desenvolver alguns anúncios para a mostarda French's. Mostarda não é um tópico apimentado para ninguém, por isso fiquei desesperada por idéias. Uma noite saí para jantar com uma amiga, Laurie Garnier, redatora sensacional, atualmente diretora global de criação na divisão do KTG que atende à Clairol. Conforme comecei a colocar mostarda em meu sanduíche de pastrami, comentei subitamente: "Não seria engraçado se em vez de pôr mostarda French's neste sanduíche eu pusesse alguma outra, e ele enlouquecesse e saísse correndo?" Laurie me encarou e disse: "Isso é ridículo". E continuamos a falar de outras coisas. Mas a idéia me fez pensar.

Na manhã seguinte fui falar com James Patterson, meu chefe na época e hoje um romancista 'megabest-seller', e lhe falei de minha idéia. Imaginem, comida falante era algo quase inédito na época. Ele viu prontamente que o projeto tinha condições de se destacar. Era tão bizarro, ele pensava, que podia muito bem chamar a atenção das pessoas. Fiquei eletrizada ao saber que o cliente concordava. Compraram a idéia, e o anúncio final foi gravado como mostramos a seguir.

O anúncio tem início como se fosse um típico e monótono comercial de comida, com um sanduíche de rosbife esperando que lhe passem mostarda. Uma faca cheia de mostarda genérica surge em cena, indo em direção ao sanduíche. De repente ele se contrai, com um ressonante grito de horror. O mesmo ocorre com um *croissant* e um beirute, e uma voz em *off* alerta: "Se você não passar mostarda French's em seu sanduíche, ele pode não gostar!" Então o sanduíche sai correndo da faca, que tem uma mostarda qualquer escorrendo. No final do anúncio, todos os sanduíches se põem a aplaudir quando uma faca recoberta de mostarda French's aparece, e uma frase escrita por Manning Rubin aparece: "Be good to your food" ("Seja bom para sua comida").

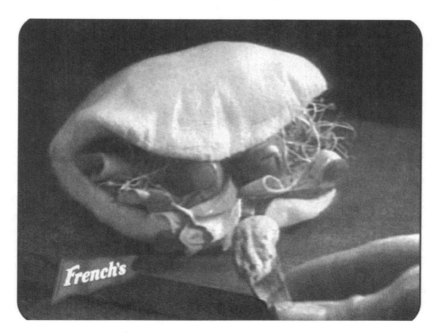

UM SANDUÍCHE DESCONFIADO SE RETRAI EM DESTEMPERO DIANTE DE UMA MARCA RIVAL DE MOSTARDA.

O anúncio foi um sucesso fenomenal em todos os sentidos. Ganhamos dois Clios (o equivalente ao Oscar na indústria publicitária) e um Effie (seu equivalente na indústria de marketing). "E, embora a concorrência gastasse dez vezes mais do que nós", relembra Martin J. Rose, ex-diretor contábil da French's, "este anúncio conseguiu atravessar a pilha de mesmice e ganhar notoriedade. Só tínhamos um orçamento de 2 a 3 milhões de dólares, mas o anúncio foi muito criativo e impactante".

Não se apegue aos modos convencionais de filtrar idéias. Se sua mente estiver aberta a qualquer possibilidade, você terá muito mais chances de chegar a idéias inovadoras. Constatei isso vezes e vezes seguidas. Enquanto estava na Wells, Rich, Greene, entrei certa vez na sala do redator Steve Baer para ver como ele vinha se saindo em um trabalho para a Heineken. Vi um desenho em sua mesa que incluía um esboço da estrela vermelha da Heineken. Sob a estrela estavam escritas as palavras "aqui vai uma frase chamativa". No pé da página estavam as palavras "logotipo aqui".

"Que legal! Que grande idéia para um anúncio", comentei.

"Bem, na verdade não é um anúncio, são apenas instruções para o diretor de arte", disse Steve.

"Vamos usar isto!", repliquei.

"Quer dizer, isso aí, assim, como está? Você está brincando!"

"Por que não? É engraçado, e chamará a atenção das pessoas. É totalmente inovador, já que viola todas as regras da publicidade. É a última coisa que as pessoas esperariam."

A Heineken adorou o anúncio.

A improvisação é outra maneira de minerar idéias em locais improváveis. Muitas vidas atrás, eu era um dos cinco membros de uma trupe de comediantes de Nova York que usava a improvisação para reunir material. Essa experiência me ensinou uma lição que aproveito até hoje: a improvisação conduz a grandes idéias. A Dra. Elspeth MacFadzean, pesquisadora britânica que se concentra em criatividade no ambiente de trabalho, ecoa este argumento. Ela afirma que o "rompimento de paradigmas" requer a capacidade de trazer "novos elementos ao problema" e de "romper modos de percepção e destruir completamente as fronteiras do problema". Muitas vezes, ela diz, isso requer o uso de "estímulos alheios ao tema e associações forçadas", o que é exatamente do que consiste a improvisação.

"A improvisação é um meio de explorar a criatividade", afirma Paul Zuckerman, diretor artístico de *Chicago City Limits*. "Grande parte de nosso treinamento é contra-intuitivo em relação ao que as pessoas fazem. As pessoas sempre querem responder corretamente. Peça a elas que pensem em uma cor. Elas têm dificuldade. Por quê? Porque querem estar certas. 'Se eu disser preto, você vai achar que estou deprimido. Se eu disser rosa, vai achar que sou *gay*.' O improvisador quer passar por cima de tudo isso, esteja ou não com a razão. Como improvisadores, nós dizemos: 'Esqueça esse negócio, esqueça os pressupostos'. Você tem de aprender a não se editar. Por ater-se ao presente, a improvisação é um veículo que dá pronto acesso a todo aquele material não-filtrado logo abaixo da superfície. Basta que você se permita fazer associações intuitivas. E é isso, afinal de contas, que nos torna divertidos."

Associações intuitivas também levam a grandes idéias. A renomada companhia de *brainstorming* Synectics Corporation, em Cambridge, Massachusetts, pede aos clientes que deixem de pensar no problema que estão apresentando — digamos, um novo modo de comercializar sacolas plásticas — e pensem em outra coisa — digamos, venezianas. Em seguida eles são orientados a tentar reunir esses dois produtos díspares e chegar, digamos, a um novo modo de fechar as sacolas. O velcro surgiu exatamente desse modo: um engenheiro suíço que se debruçava sobre uma calça coberta de carrapicho perguntou-se de súbito se a Mãe Natureza não havia inventado um zíper melhor. Sua idéia levou à abertura, em 1952, de uma empresa chamada Velcro (do francês *velours*, que significa 'veludo', e *crochet*, que significa 'gancho').

Incentivar as pessoas a dizer o que quer que tenham em mente, contudo, é um conceito contra-intuitivo nos negócios. A maioria dos executivos não acha isso fácil. Zuckerman observa que o principal obstáculo à improvisação é a incapacidade de ouvir. Normalmente, quando alguém fala conosco nós nos desligamos pela metade, pois já estamos pensando em uma resposta. Não estamos realmente ouvindo. No momento em que começa a refutar mentalmente seu interlocutor, ou a pensar em qual será seu próximo comentário, você desliga a outra pessoa e perde o fluxo. Na improvisação, você se treina a ouvir e responder sem ponderação. "Em uma sessão de *brainstorming*", diz Zuckerman, "se alguém apresenta idéias que não batem com as suas, você mal pode esperar até que a pessoa cale a boca e lhe permita levar suas próprias idéias à mesa". Ele recomenda simplesmente escrever sua idéia, de modo que você possa "esquecer-se dela e abraçar a da outra pessoa. Você sempre pode

> **Estimule as Interrupções**
>
> Em alguns escritórios, considera-se de mau gosto interromper uma reunião em andamento. A pessoa deve esperar pacientemente fora da sala ou deixar uma mensagem pedindo que você a procure assim que estiver livre. Nós acolhemos intrusos em nossas conversas. Muitas vezes, uma pessoa totalmente alheia ao problema em questão apresenta uma nova solução, ou pelo menos um novo viés ao assunto. Deixe as portas abertas ou use divisórias de vidro para que as pessoas não tenham receio de se intrometer em uma conversa em andamento.

voltar à sua". É por isso que os improvisadores investem tanto tempo na teoria do 'sim — e'. "Incentivo muito as pessoas a apresentar boas e más idéias", diz Zuckerman. "Parece fácil, mas na verdade todos temos egos tremendos. A grande descoberta ocorre quando você deixa as coisas fluírem, e embarca na idéia de outra pessoa."

Um Passo para Trás

O universo do marketing está cheio de idéias ainda a serem exploradas, produtos a serem desenvolvidos, soluções a serem descobertas. Assim, naturalmente passamos a maior parte de nossas horas de trabalho nesse vasto purgatório desenvolvimentista, esperando ansiosamente que a musa criativa catapulte nossos pensamentos em direção àquele megamilionário Big Bang. Entretanto, quando seu enfoque e seu pensamento estratégico só conseguem afundá-lo ainda mais no buraco negro da mediocridade, você tem de agir pelo mais contra-intuitivo de seus impulsos: não fazer nada.

"O quê?", você gritaria, "Como posso não fazer nada?" *Nada* é o que tenho agora mesmo. *Nada* é o que tenho para apresentar a meu cliente na reunião de amanhã. *Nada* é o que será nossa renda se não tivermos uma idéia. No entanto, quando o cérebro está cheio de temores, apreensões, prazos e mil idéias negativas, simplesmente não resta espaço para a grande idéia.

Uma das primeiras coisas que fazemos no KTG ao sofrermos um entrave mental é nos afastarmos dele. Vá para a sala de outra pessoa, para casa ou dê um passeio. E, como em um relógio, as idéias de súbito voltam a tiquetaquear. Como diz a Dra. Ona Robinson, psicóloga empresarial nova-iorquina: "Afastar-se de seu ambiente imediato dá ao cérebro um sopro de ar renovado e criativo. Um novo ambiente relaxa as sinapses, como também o faz uma mera mudança na posição do corpo — digamos, se está sentado em uma cadeira, sente-se no chão. Isso leva a mente a se concentrar na mudança externa, o que dá a nossa massa cinzenta uma chance de se recompor".

Se houver tempo, durma. Algumas de nossas melhores idéias afloram do sono REM[*], quando nosso subconsciente passa a trabalhar e explora uma fonte de fluidos criativos que só esperam ser vertidos sobre nosso pensamento consciente. (O difícil, evidentemente, é lembrar que raios você sonhou, por isso sempre guarde um bloquinho embaixo do travesseiro.) Bach, falando certa vez sobre idéias musicais, disse: "O problema não está em encontrá-las, e sim — quando acordamos de manhã e saímos da cama — em não pisar sobre elas".

Incentive o Fracasso

Um dos maiores impedimentos para estimular a criatividade das pessoas é o medo do fracasso. Elas simplesmente não querem assumir riscos, explica Jennifer Voigt Kaplan, psicóloga evolucionária de Nova Jersey. "É difícil fomentar a criatividade nas organizações", diz Kaplan, porque "a aversão ao risco está em nosso sangue. Os seres humanos primitivos não eram recompensados por assumir riscos extremos, já que não sobreviviam como os que os evitavam". Isso faz sentido: quando o primeiro indivíduo da Caverna 20 propôs matar o mamute peludo em tempo de calor, é muito provável que seus companheiros de caverna o tenham deixado sem jantar à noite. Felizmente, os modernos códigos penais impedem que você seja massacrado por apresentar uma má idéia (a menos que seja o inventor da nova Coca-Cola), mas o medo dos riscos ainda está conosco.

Um pato falante. Orgasmos em horário de pico. Inveja da pena. Estas são idéias bem bizarras. Podiam facilmente ter sido rejeitadas logo de início. Mas nós levamos qualquer idéia a sério, por mais tola que seja. Todos precisam saber que não há problemas em aparecer com uma idéia exótica, não-convencional — e talvez efetivamente ruim. Como diz a consultora administrativa Sanders: "A criatividade vem de sua imaginação. As pessoas criativas são intuitivas, têm uma maneira incomum de entrever associações, relações e padrões subjacentes, e nem sempre podem explicar como

---

[*] Acrônimo de *Rapid Eyes Movement* (Movimento Ocular Acelerado). Trata-se da fase do sono associada aos sonhos, caracterizada pelo movimento agitado dos olhos. (N. do T.)

isso acontece". Voltamos à teoria da improvisação do 'sim — e', que presume que ninguém esteja errado, mas sim quase lá. Como disse James Joyce, os erros são "portais de descobertas".

A criatividade não tem nada a ver com segurança; é diametralmente oposta a ela. Algumas das maiores obras compostas por Beethoven, por exemplo, iam contra as convenções de seu tempo. Os quartetos de corda que o grande músico compôs ao fim da vida, já completamente surdo, são incrivelmente sofisticados, emancipando-se das tradições do século XIX e saltando cinquenta ou cem anos para o futuro. Durante a vida de Beethoven, contudo, pouca gente se dava ao trabalho de ouvi-los. Um quarteto se encerrava com um movimento tão heterodoxo que Beethoven preferiu substituí-lo com um *finale* mais agradável aos ouvidos oitocentistas. O *finale* original, porém, conhecido hoje como a *Grosse Fuge* (a Grande Fuga), é considerado uma de suas peças mais ousadas. Com efeito, o próprio Beethoven, diante de queixas de que ninguém apreciava sua *Grosse Fuge*, replicou: "Hão de apreciá-la um dia!"

Se quiser que seu pessoal tenha a coragem de desenvolver um inovador Big Bang, você precisa criar um ambiente em que correr riscos seja seguro — e mesmo estimulado. Em um número recente da *Organization Studies*, os pesquisadores Ken Kamoche e Miguel Pina e Cunha declararam que "em empresas bem-sucedidas e inovadoras, os erros são considerados oportunidades para o aprendizado organizacional. [...] O fracasso resultante dos riscos é recompensado [...] e os diretores aceitam e incentivam o 'rompimento de regras'". O segredo é se disciplinar para ser encorajador diante das novas idéias, e recompensar as pessoas que pensem em cursos de ação incomuns, mesmo que imprudentes. "Você precisa pensar no que acontece se alguém for criativo e falhar", diz a psicóloga evolucionária Kaplan. "Você precisa tornar o fracasso seguro. É assim que fará seu pessoal sair da caixa." Nunca puna nem critique más idéias; longe disso, permita que sejam parte das muitas possibilidades que continuam a existir até que um dado curso de ação seja adotado. Aquela má idéia pode facilmente iniciar uma reação em cadeia rumo a uma boa idéia.

É necessário ter prática para acolher o caos dos Big Bangs. Todavia, como em uma trupe teatral, seus funcionários se sairão cada vez melhor em dar livre expressão à sua criatividade conforme forem trabalhando juntos. Tudo de que precisam agora é fazer contato com o pára-raios que conduz à mente consciente dos consumidores: o seu coração.

CAPÍTULO

5

PARE
DE PENSAR

Não é segredo nenhum por que enlatados piegas aparecem em cinemas para as massas, ao passo que documentários vão ao ar na PBS. Como revelam dezenas de livros sobre publicidade, a emoção vende. O apelo emocional simplifica uma mensagem, permitindo que ela atravesse fronteiras econômicas, sexuais ou culturais. É um conceito básico. Então por que tantas equipes de marketing e publicidade têm dificuldade em encontrar idéias que toquem o coração do consumidor?

Elas pensam demais. É isso mesmo. Praticamente toda agência de publicidade que encontramos desenvolveu o próprio processo para ser 'inspirada'. Tempo vai, tempo vem, ficamos sabendo de um novo conjunto de passos refinados — usualmente envolvendo uma pretensa metodologia exclusiva para chegar aos pensamentos mais secretos do cliente —, cujo propósito é desenterrar dos consumidores suas verdades íntimas. Mas esses processos formais normalmente erram, e às vezes erram muito, porque as fórmulas, por definição, adotam um conjunto similar de regras para todo produto ou circunstância, ignorando com isso justamente aquela ferramenta que conduz às grandes idéias: a intuição.

Uma multidão de pesquisas recentes indica que nossa intuição é muito mais arguta e confiável do que a maioria das empresas jamais admitirá. Hoje, institutos que vão desde a Universidade de Harvard até o Corpo de Fuzileiros Navais Americanos apóiam pesquisas sobre o poder de nosso subconsciente. "Muitas emoções são produtos da sabedoria evolucionária, que provavelmente tem mais inteligência que todas as mentes humanas reunidas", diz o cientista neural Joseph LeDoux, da Universidade de Nova York, em seu livro *The Emotional Brain: The Mysterious Underpinnings of Emotional Life*. Timothy D. Wilson, professor de psicologia na Universidade da Virgínia, desenvolveu um estudo revelando que as pessoas que escolhem instintivamente um pôster para a parede da sala de estar ficam muito mais satisfeitas do que as que deliberam sobre a decisão. Reportando essa e outras descobertas, Sharon Begley observou no *Wall Street Journal* que "há um crescente consenso de que o inconsciente é um sujeito muito esperto, com capacidades cognitivas que rivalizam com as do pensamento consciente, e por vezes as ultrapassam". Picasso afirmou que seu gênio residia em seu ser intuitivo ao afirmar: "A pintura é mais forte que eu. Ela me obriga a fazer o que ela quer".

Segundo o pesquisador Gary Klein, em seu recém-publicado *Intuition at Work: Why Developing Your Gut Instincts Will Make You Better at What You Do* (A Intuição no Trabalho: Por Que Desenvolver seus Instintos o Tornará Melhor no que Você Faz), os instintos são perspicazes porque "não são acidentais. Eles refletem sua experiência". Para Klein, nossa intuição se baseia no reconhecimento de padrões e em sutis sugestões da experiência que somos incapazes de articular, mas que determinam nossos instintos. De acordo com o Dr. Steve Hymowitz, psicoterapeuta nova-iorquino especializado em hipnose, centenas e milhares de experiências de vida se acumulam em nosso inconsciente, criando uma inteligência que tem a capacidade de superar o pensamento consciente. Ele relaciona a mente consciente e inconsciente a um computador. "A mente consciente — como a tela do computador — pode lidar com cinco a nove dados a qualquer momento. A inconsciente pode lidar com dados infinitos, como o disco rígido do computador. E literalmente qualquer coisa que estiver armazenada pode ser acessada clicando-se no botão certo".

Muitas campanhas lendárias de marketing ocorreram porque a pessoa incumbida da decisão final decidiu confiar na intuição. "Se as estratégias vêm da mente", diz Maurice Lévy, chairman e CEO do Publicis Groupe, nossa empresa detentora, "as idéias vêm das entranhas". Quando a campanha "Não Tem Preço" da MasterCard foi veiculada pela primeira vez, seus anúncios tiveram um desempenho abaixo da média, segundo o prestigiado índice de avaliação dos consumidores Ad Track, do *USA Today*. O diretor de marketing da MasterCard, Larry Flanagan, ignorando a pesquisa, persistiu na campanha. Ele sabia instintivamente que os comerciais chegavam ao âmago daqueles valores que o dinheiro não pode comprar — valores que, ele estava convicto, os consumidores julgavam importantes. E sua intuição estava correta. A campanha finalmente ganhou impulso, e os anúncios se tornaram um sucesso, ajudando a reduzir a distância entre o MasterCard e o líder de mercado Visa.

A mudança que a Volvo fez em sua estratégia publicitária é outro exemplo da sabedoria da intuição. No início dos anos 80, Bob Schmetterer, atual CEO da agência global de publicidade Euro RSCG Worldwide, era o sócio responsável pela Volvo na Scali, McCabe, Sloves. Na época, diz Schmetterer, o Volvo estava estabelecido como "um veículo de alta qualidade, bem construído e infinitamente durável". Mas Schmetterer, após algumas pesquisas exploratórias, teve o instinto de que a segurança podia ser uma maneira melhor de a empresa atrair seus potenciais compradores. "Descobrimos uma realidade secreta. A maioria dos Volvos, na época, era comprada por homens, mas *dirigida* por mulheres. Constatamos que as mulheres estão muito interessadas em segurança, particularmente se tiverem filhos a bordo".

A sabedoria convencional da época, contudo, era a de que as pessoas não compravam carros com base na segurança. Compravam-nos, sim, por razões de sedução, potência, confiabilidade. "A Ford havia tentado, nos anos 60, vender carros exaltando a segurança — concentrando-se nos cintos — e foi um desastre", lembra Schmetterer. "A sabedoria convencional pregava que as pessoas compravam carros por sua beleza, por se ajustarem à sua personalidade, ou por estarem a seu alcance". Conseqüentemente, o pessoal da Volvo recebeu com frieza a idéia de segurança de Schmetterer.

"Mas eu insisti com firmeza", relembra Schmetterer. "Eu disse: 'Ouçam, vocês já estabeleceram uma posição com base no fato de que o veículo é bem construído. As pessoas já acreditam nisso. Mas a segurança é algo maior. É o benefício final de um carro bem montado'."

A Volvo começou a abraçar essa estratégia e no início dos anos 90 Schmetterer e seus parceiros na Messner, Vetere, Berger, McNamee, Schmetterer, Euro RSCG apresentaram uma série de comerciais com testemunhos de pessoas cujas vidas haviam sido salvas por seu Volvo. A chamada original era "Dirija com cuidado" — exatamente as últimas palavras que dizemos quando um amigo ou parente se despede para voltar para casa.

A Volvo finalmente concordou em veicular a campanha, e Donald Sutherland aceitou se tornar a voz por trás dos anúncios. O sucesso foi muito além dos sonhos mais desvairados da empresa. O Volvo logo se tornou o carro da vez nas vias suburbanas. "O resultado foi excelente para a empresa em termos de vendas, mas, mais importante", diz Schmetterer, "o Volvo detém hoje possivelmente a posição de carro mais seguro do mundo".

Em uma era em que fatos duros e gélidos ditam a ordem do dia, administradores e marqueteiros relutam em confiar nos instintos. Ter "bons instintos" significa usualmente trazer à baila emoções incertas, o que é terrível para o profissional racional de hoje. "Quando entro em um ambiente de negócios", relata a Dra. Ona Robinson, "vejo quão assustada fica a maioria dos funcionários com relação a seus sentimentos. Mudo totalmente de tom quando trabalho com empresas. As pessoas se sentem vulneráveis se revelarem sentimentos em uma situação profissional".

No KTG, a intuição tem sido nossa arma secreta. Reconhecemos, graças a muitos anos de experiência, que nossas melhores idéias brotam de um impulso criativo original. Claro, jamais negaremos que fatos, pesquisas e o lado direito do cérebro são fundamentais para o desenvolvimento de um Big Bang. São. A diferença é que *colocamos a intuição primeiro*. Durante o processo de criação, incentivamos os funcionários do KTG a ouvir suas vozes interiores para desenvolver idéias. Somente então pomos nossa mente racional para trabalhar, para examinar a idéia e avaliar seus méritos. Como disse o matemático oitocentista Henri Poincaré: "É pela lógica que provamos. Mas é pela intuição que descobrimos".

Como exploramos o poder da intuição para chegar a idéias de marketing Big Bang? Eis aqui algumas das técnicas que utilizamos:

Pare de Ignorar Seu Lado Feminino

Talvez a razão para que nós do KTG tenhamos tamanho sucesso em explorar a psique do consumidor esteja no fato de sermos uma empresa dirigida por mulheres. Há estrógeno suficiente em nossos escritórios para fazer Arnold Schwarzenegger ovular.

Talvez em função disso não tenhamos medo de tomar decisões importantes com base nos instintos. "A intuição das mulheres vem sendo testada e mensurada cientificamente desde os anos 80, e demonstra em geral a superioridade feminina em todos os sentidos perceptivos", dizem Barbara e Allan Pease em *Por Que os Homens Fazem Sexo e as Mulheres Fazem Amor*. David G. Myers, em *Intuition: Its Powers and Perils* (A Intuição: Seus Poderes e Perigos), parece concordar, afirmando que existe uma "discrepância sexual na intuição" e que "as mulheres geralmente superam os homens em decodificar mensagens emocionais". Ele cita pesquisas segundo as quais, embora os meninos marquem 45 pontos a mais nos testes de matemática do SAT, "as meninas os superam em ler expressões faciais".

A mulher pode ter desenvolvido poderes intuitivos superiores como um mecanismo de defesa, já que foi desbastada durante séculos como o sexo mais fraco: se eu não puder vencê-lo, terei de induzi-lo a fazer o que quero. Ou talvez sua intuição derive do instinto materno, a habilidade de perceber rapidamente o que os bebês querem para que sobrevivam (ou pelo menos para que parem de chorar às 2 da manhã!). "Como protetoras dos filhos e defensoras do ninho", dizem os Peases, as mulheres "requerem a habilidade de perceber mudanças sutis de humor e atitude nos outros. O que é comumente chamado de 'intuição feminina' é em maior parte a aguda habilidade de a mulher notar pequenos detalhes e mudanças na aparência ou no comportamento das outras pessoas". Essa busca por uma vantagem competitiva não é de modo algum exclusiva do *Homo sapiens*. Pesquisadores que estudam elefantes na África fizeram uma descoberta impressionante, observando jovens elefantes gêmeos de sexos opostos. Ao amamentar-se, o macho simplesmente empurrava a fêmea para fora do caminho. Como resultado, a fêmea aprendeu rapidamente a mamar enquanto o macho

> **Cultive Seus Mimos**
>
> Deixe que as pessoas façam uso de quaisquer lapsos idiossincráticos que as ajudem a pensar. Eu só consigo escrever roteiros emotivos quando ouço música popular irlandesa tocada em flauta de Pã; um colega precisa ter à mão brinquedos de pelúcia para trabalhar. Não importa quão pouco profissional isso pareça: se você permitir que as pessoas se rodeiem de coisas confortantes, seus fluidos criativos verterão como água.

dormia, brincava ou se ocupava com outras coisas. Em outras palavras, para sobreviver ela teve de ser esperta.

Pare de Pensar nos Negócios

O modelo clássico de processo decisório, ensinado em faculdades de administração nos Estados Unidos, baseia-se na análise e na lógica; administradores avaliam opções com base em um conjunto de critérios relativos ao assunto em questão. Tudo soa muito científico, diz o pesquisador da intuição Gary Klein, e "confortante. Quem é que não gostaria de ser minucioso, sistemático, racional e científico?", ele escreve.

"O único problema é que essa coisa toda é um mito. [...] Ela não funciona tão bem no mundo real, em que as decisões são mais desafiadoras, as situações mais confusas e complexas, a informação é escassa ou inconcludente, o tempo é curto e os riscos são altos. Nesse ambiente, o clássico modelo analítico de processo decisório desmorona", conclui Klein.

Randi Dorman, diretora de equipe Interbrand, uma consultoria nova-iorquina de identidade de marca, concorda. Trabalhando com marcas como a Crest, que confia em suas embalagens para atrair a atenção do consumidor nos corredores dos supermercados, ela incentiva seus clientes a pensar em "interesse de prateleira", e não em "impacto de prateleira". Enquanto os desenhistas de embalagens empregam tradicionalmente imagens berrantes e a antiquada abordagem do 'novo e melhor!', Dorman insiste em que isso não basta. "Se você for ao supermercado, haverá corredores e corredores de produtos, e coisa demais para ser vista. Virou uma espécie de papel de parede berrante que resultou em uma mentalidade de 'pegar e levar'. Os clientes

> **Esqueça a Floresta**
>
> Um novo projeto pode parecer esmagador por vezes. Fatos, números e balela intelectual podem paralisá-lo nos trilhos. Seguindo o exemplo da meditação oriental, preferimos começar modestamente. Via de regra, começamos com o primeiro e pequeno passo, avançando de detalhe em detalhe. Nesse avanço, é comum que tropecemos na solução para o problema geral.

conhecem os produtos de que gostam, por isso pegam-nos e os levam tão rapidamente quanto possível."

"Mas não basta ser chamativo e impactante na prateleira", prossegue Dorman. "Você precisa fazer algo mais intrigante. Precisa estabelecer contato com alguma coisa que esteja ocorrendo na vida do consumidor, que corresponda àquilo que ele está procurando e às mudanças que pode estar sofrendo. E precisa facilitar-lhe a compra."

Dorman menciona a sopa Campbell como um exemplo de fabricante que não se concentrou direito nas necessidades do consumidor e que, como resultado, errou o alvo tanto emocionalmente como no tocante à facilidade de compra. "Se você for ao corredor de sopas, verá sopa condensada, sopa com miúdos e sopa instantânea, tudo de modo muito confuso. Perceberá claramente que eles agiram com base nas diferentes coisas que poderiam produzir, e não na facilidade para consumidor encontrar o que deseja."

Eu, infelizmente, tenho um exemplo pessoal de como esse tipo de pensamento racional pode desencaminhá-lo.

Remédio Ruim

No início de 2000, estávamos concorrendo com outra agência pelos negócios corporativos da Bristol-Myers Squibb. A Bristol, entre outras coisas, é uma das maiores fabricantes de remédios contra o câncer, e nós ouvimos o CEO Peter Dolan falar muitas vezes de como Lance Armstrong, campeão do Tour de France, superou um câncer mortal tomando medicamentos desenvolvidos nos laboratórios da empresa.

Um dia, durante um *brainstorming* em busca de idéias para a campanha, Laurie Garnier, nossa diretora global de criação para a Clairol, entrou em minha sala e disse: "Desculpem-me. Sei que não estou trabalhando diretamente nisso, mas preciso dizer-lhes que este Lance Armstrong é um negócio. Ele está vivo por causa desses remédios. Vocês deveriam, sim, fazer um comercial com ele". Ela me contou a história de Armstrong, acrescentando que sua esposa recentemente lhe dera um filho.

Tive meus lendários calafrios — minha reação inconsciente a uma idéia Big Bang. Mas então comecei a pensar. Disse: "Sim, é uma história incrível. Mas não sei, ela é tão óbvia. Todo mundo vai usar o cara".

Ela saiu, sem se deixar desanimar, e voltou com um roteiro. Disse-me: "Linda, esse cara tinha um câncer incrivelmente mortal. Ele nem devia estar vivo. E agora teve um filho..."

Sentei-me e matutei se devíamos usar Armstrong como porta-voz. Acabei elaborando uma lista racional e sensata de razões pelas quais Armstrong não serviria. A primeira: ele fora utilizado em outras campanhas, de modo que não seria facilmente associado à Bristol-Myers Squibb. Testemunhos é uma coisa já muito explorada — a empresa vai querer algo menos previsível. Além disso, e se Armstrong perder o próximo Tour de France? De qualquer modo, o enfoque é muito limitado. A Bristol-Myers Squibb não é somente uma empresa de remédios contra o câncer, eles fabricam fórmula infantil, Exedrin e uma tonelada de outros medicamentos milagrosos. Com isso, desenvolvemos uma campanha corporativa muito mais genérica.

Para meu embaraço, perdemos o contrato para a outra agência. E adivinhem em que consistia a campanha dela? Lance Armstrong, que estava vivo graças aos medicamentos da Bristol-Myers Squibb, acalentando seu lindo bebê. O comercial trouxe lágrimas aos olhos de todos — especialmente aos meus, enquanto eu deplorava o contrato perdido.

Refletindo sobre meu erro, senti-me uma idiota. Eu sabia, em minhas entranhas, que todo mundo adora uma história com final feliz, mesmo que a tenhamos ouvido vezes e vezes seguidas. E, no entanto, em vez de confiar em meus instintos, concentrei-me em motivos racionais para fazer outra coisa. E foi um grande erro.

Pare de Ouvir

Às vezes nos concentramos tanto no que alguém diz que nos esquecemos de ler as nuances e gestos da pessoa. Como observam Barbara e Allan Pease em *Por Que os Homens Fazem Sexo e as Mulheres Fazem Amor*: "Na comunicação face a face, os signos não-verbais representam de 60% a 80% do impacto da mensagem, enquanto os sons vocais compõem entre 20% e 30%. Os outros 7% a 10% são palavras". Se um empregador perguntar a uma funcionária se ela está feliz naquele dia, e ela disser que sim, será muito fácil ignorar os indícios corporais que berram quão miseravelmente ela se sente. A linguagem oral pode ocultar e ofuscar tão bem quanto esclarecer e elaborar. Com freqüência, nos negócios, ela nos pede que aceitemos respostas à primeira vista, quando a real comunicação nem mesmo chegou a ser posta em palavras.

Prestando atenção em indícios não-verbais, você pode aprender volumes sobre o que um cliente, um CEO ou um chefe de divisão está realmente dizendo. Todos temos a capacidade e a habilidade de fazer isso; é algo que está em nosso sangue desde que o primeiro cavernoso deteve o avanço de um inimigo com uma mera carranca. Um estudo recente publicado nos *Proceedings of the National Academy of Sciences*, por exemplo, sugere que todos temos a capacidade inata de perceber embustes. A psicóloga Jennifer Voigt Kaplan concorda com as descobertas: "O homem pré-histórico tinha melhor chance de sobrevivência quando era capaz de identificar fraudes, para não ser desfalcado em comida, companheiras, provisões e assim por diante. Os homens que sobreviveram possuíam essa característica e a repassaram a seus filhos. Assim, partindo da ótica de empregar os instintos para avaliar as pessoas", ela conclui, "pode-se explicar por que devemos dar atenção a nossas habilidades instintivas".

A especialista em marcas Randi Dorman se lembra de quando trabalhou no design do desodorante Red Zone, produto de grande eficácia da Old Spice. "Em vez de dar ouvidos a toda a enfiada de pesquisas sobre o negócio de desodorantes, resolvemos ver qual deles conseguia chamar a atenção dos homens", ela recorda, "já que eles não são tão sofisticados quanto as mulheres na farmácia ou no supermercado". Decidiram estudar ramos de atividades que conseguiam estabelecer contato com o público masculino. "Investigamos tudo, desde baterias para carros e linhas de pesca até lâmpadas e meias. Avaliamos as cores e texturas de que gostam, indo de carros esportivos e aço

---

Aeróbica Emocional

Se quiser que as pessoas explorem o inconsciente do consumidor, você precisa ajudá-las a explorar os próprios sentimentos. Isso nós fazemos de várias maneiras: em primeiro lugar, eu inicio a maioria das reuniões de criação com uma piada. O humor reduz a pressão sobre as pessoas e as aproxima umas das outras. Rir nos desarma e nos faz relaxar. Também estimula o sistema límbico, a parte do cérebro mais envolvida nas emoções. Em outras reuniões, começo relatando um acontecimento comovente — com freqüência algo que li nos jornais. A empatia promovida no grupo pode funcionar da mesma forma, deixando seus membros mais afinados com o trabalho que estão fazendo.

com revestimento adamantino até caminhões Mack, e usamos isso como inspiração." O logotipo resultante é de um másculo prata escovado, coberto de rebites, sobre um fundo que imita o desenho de uma ponta de furadeira. "Estas são texturas que atraem os homens, e tornam o Red Zone relevante para seu público-alvo."

Quando se encontra com um cliente, seja particular, seja empresarial, é fundamental que você perceba o que *não* é dito. Claro que você deve prestar atenção às informações, mas também deve dar ouvidos à sua voz interior. É com ela que você pode descobrir a história secreta que precisa ser contada.

A Verdade a Toda Hora

Em meu tempo na Wells, Rich, Greene, fomos convidados a concorrer pelos negócios publicitários da Heineken. Durante a reunião de apresentação, enquanto a gerência da Heineken discorria sobre a empresa, recebemos montanhas de dados estatísticos e material promocional, que esperávamos ser úteis para ajudar no desenvolvimento de uma campanha. Conforme a apresentação se desenrolava, Michael Foley, então presidente da Heineken, se pôs a andar pela sala, prodigalizando fatos sobre o lúpulo, a cevada e a levedura especial da Heineken, em circulação havia já uns cem anos.

Até o momento eu nunca tinha tomado uma cerveja na vida, por isso comecei a desligar o discurso de Foley. Em vez disso, limitei-me a observá-lo percorrendo a sala. Ele ostentava orgulhosamente uma garrafa de cerveja no ar, qual fosse a estátua da Liberdade, jamais abaixando-a. Corado de emoção, citou o extravagante CEO da empresa, Freddie Heineken, que dizia: "Não vendo cerveja, vendo calor". Naquele momento eu soube que cerveja era o que menos interessava a Heineken e Michael Foley, a despeito do que eles dissessem.

Voltei a meu escritório e disse a meu pessoal: "Esse sujeito não acha que tem uma cerveja, mas um artigo da cultura popular. Acha que tem uma Kodak. É este o ponto que temos de transmitir em nossos anúncios". Disse-lhes que jogassem fora tudo o que haviam desenvolvido para o cliente. "Não quero nada que transmita a impressão de cerveja. Nada daquela mesmice cheia de garotas e esportes. Nada de lúpulo importado nem de água filtrada das montanhas." O pessoal protestou, e lembrou-me de que já tinham anúncios muito engraçados. "Todas as outras agências terão anúncios muito engraçados", repliquei.

Com isso, Douglas Atkin, nosso planejador estratégico na época, entrou em ação. Ele passou as duas semanas seguintes visitando bares para descobrir exatamente como as pessoas se sentiam com relação à cerveja, e como ela se entrelaçava em suas vidas. "Empregamos até mesmo um antropólogo para realizar estudos grupais com pessoas que tomavam cerveja", lembra Atkin.

Ele descobriu que "quando as pessoas bebem, elas experimentam um rito de passagem e o adentram com suas máscaras sociais ativadas, qualquer que seja o ofício que escolheram para prosperar no mundo. Conforme bebem, suas inibições se desativam e elas começam a se comportar — ou assim parece a quem bebe — em um nível mais autêntico". Beber cerveja, na cabeça dos adeptos, elimina ansiedades e fingimentos, e permite que eles se tornem seu verdadeiro eu: honesto, sem censura, sem hipocrisia. Permite-lhes dizer e fazer coisas com uma franqueza que jamais teriam de outro modo.

Não somente isso: quase todo mundo associava a marca Heineken à idéia de verdade e autenticidade, sobretudo porque sua receita não sofria alterações havia mais de cem anos. "A maioria das cervejas americanas é vista como inautêntica porque jogam nela todo tipo de coisa", diz Atkin. "Mas a cerveja européia é autêntica porque só inclui quatro ingredientes: água, lúpulo, levedura e cevada maltada. A Heineken é uma dessas, e vem do norte da Europa, o centro europeu do fabrico de cerveja. Ela tem origens, tem o local certo, tem história, e isso tudo a torna autêntica. Ela tem sabor de verdade."

Percebemos então que o anúncio teria de dizer que a Heineken era um ícone cultural, um símbolo da verdade. Uma atividade autêntica praticada com uma marca autêntica. Essa cerveja era a verdade. E assim foi criada a campanha "Conversas Reais" — uma série de anúncios baseados em conversas verdadeiras de bar. Os anúncios não mostravam decotes, nem esportes, nem gente (de modo que vintões e quarentões se identificariam com eles). Não se fazia nem mesmo menção à cerveja. A campanha consistia de tomadas em bares, de *close-ups* da cerveja sendo derramada e do logotipo da Heineken, tudo acompanhado de diálogos envolventes como este:

Voz de homem: "Você não sabe quem escreveu Moby Dick?"

Voz de mulher: "Não."

Homem: "Você não sabe quem escreveu Moby Dick!"

Mulher: "Nããão."

Homem: "Aquele livro da baleia."

Mulher: "Eu vi o filme."

Homem: "Mas nunca leu o livro."

Mulher: "E daí?"

Homem: "E daí? Falo de Moby Dick!"

Mulher: "Olha. Não sei quem [bip] escreveu essa [bip] de Moby Dick. OK?"

Homem: [Longa pausa.] "OK."

Legenda sobreposta ao anúncio: As palavras. A cerveja. É tudo de verdade.

Chamada (enquanto o logotipo Heineken resplandece na tela): Fiel à receita original desde 1886.

Chamada final: Herman Melville.

O anúncio nos valeu o contrato. Era diferente de tudo o que a Heineken, ou mesmo qualquer outro fabricante de cerveja, já havia feito. Era uma jogada imensamente arriscada, pois só podíamos mostrar uma única idéia ao cliente. Se fracassássemos, fracassaríamos. Além disso, o anúncio não respeitava nenhuma das metas estabelecidas pela empresa durante a reunião de apresentação, e, todavia, tocou na única coisa autêntica sobre a Heineken por trás da encenação do presidente. Ele falava diretamente à crença que nutria de que seu produto fazia mais do que saciar a sede ou amaciar um dia difícil. Era um ícone de pureza e honestidade em um mundo desonesto e impuro.

E tudo ocorreu porque tivemos uma idéia que passou por cima da avalanche de material de marketing que o cliente nos tinha dado. Muitas agências, na verdade, jamais teriam deixado que alguém sem a menor experiência em beber ou promover cerveja entrasse na sala com Foley. Mas o fato de que eu sabia muito pouco sobre o negócio permitiu que eu me desviasse do tradicional e previsível. Eu não tinha bagagem emocional. Claro que testamos a idéia posteriormente com aficionados de cerveja, mas o conceito original surgiu de uma resposta instintiva às regras comportamentais de Foley.

Pare de Tentar Ser Esperto

Muita gente criativa na área de publicidade e marketing gosta de exibir sua inteligência no serviço. "Vejam como sou esperto", seu trabalho parece berrar. Essa raramente é uma jogada esperta. Maurice Lévy recorda uma campanha do início da década de 80 em que uma bebida chamada Green Sands foi lançada na França. "Fizemos um daqueles comerciais de linha de frente, dirigido por Tony Scott, a última palavra em modismo na época. E o sucesso durou o que dura uma estação de sucesso: um verão."

Nós fugimos ativamente de modismos. O objeto do trabalho não somos nós, e sim a sedução do consumidor. A bem dizer, sentimos nossa cota de amargura por sermos uma agência que faz uso de humor rasteiro e sentimentalismo. Todavia, como observou recentemente a meu respeito Stuart Elliot, colunista publicitário do *New York Times*, eu "abraço sem mais desculpas [minha] imagem como um resquício da época em que os anúncios apelavam para o coração ou faziam troça de tudo, em vez de assumir a postura pós-moderna de 'sou mais bacana que você'".

Doria Steedman, vice-presidente executiva da *Partnership for a Drug-Free America* (Parceria por uma América sem Drogas), afirma que a organização, ao fazer uso de histórias simples, mas comoventes, aumentou em muito sua visibilidade. Em 1995, a entidade desenvolveu um anúncio que tentava explicar um fato simples sobre a inalação de entorpecentes — embora de maneira gráfica. Há uma garotinha sentada em uma singela cama infantil, quando começa repentinamente a jorrar água para dentro do quarto. Com a água inundando o local, ela flutua até a janela e tenta escapar, mas acaba se afogando. A voz em *off* fala de entorpecentes e conclui: "Enquanto você acha que está cheirando, seu cérebro acha que está se afogando. E seu cérebro é que está com a razão". Não era um comercial que tentasse deslumbrar ou exibir esperteza; ele se concentrava antes em transmitir a idéia simples de que essa droga prejudica seu corpo. Embora seja difícil rastrear a eficácia de tais campanhas, Steedman aponta pesquisas que indicam que o anúncio foi ao menos parcialmente responsável por uma redução no uso da droga.

> **Faça-se de Mudo**
>
> A criatividade depende da colaboração, que não terá espaço se você estiver concentrado em ser a pessoa mais esperta da sala. Incentive as pessoas a abandonar suas pretensões intelectuais para ouvir o que o outro está dizendo. Somente assim elas podem ser receptivas a idéias. Faça-se de mudo, se for preciso. Quando enviam ao CEO da Procter & Gamble, A. G. Lafley, uma matéria ou informativo à imprensa demasiadamente complicado, ele diz: "Me dêem a versão do *Sesame Street**". Sempre que disser "Não estou entendendo", você obriga as pessoas a reduzirem sua idéia a um conceito simples e claro. Se sua solução criativa não puder ser exposta a uma criança de 4 anos, é possível que muita gente também não vá entendê-la. Leve sua próxima idéia para casa e a exponha a seus filhos; se eles não a entenderem em uma única frase, volte à prancheta.

Anos atrás, enquanto trabalhava para a Kodak na J. Walter Thompson, meu desejo de enfocar antigos instintos me ajudaram a desenvolver um de meus primeiros Big Bangs.

Alguns de nós fomos incumbidos de desenvolver uma campanha para a câmera digital da Kodak — uma nova câmera que eliminava a necessidade do filme. Levou anos para que os engenheiros químicos da Eastman Kodak a desenvolvessem. Em vez de precisar pôr um filme na câmera e avançá-la sempre que tirar uma foto, você simplesmente insere um finíssimo disquete, tira as fotos e o remove ao final. Era como uma torradeira de negativos.

Todavia, grande parte dos anúncios que a agência propunha usar era de natureza técnica e gráfica, cheia de *lasers* piscantes, em uma sombria homenagem a todos os engenheiros debruçados sobre soluções de processamento. O anúncio fazia a câmera parecer tão formidável quanto o supercomputador Deep Blue, da IBM, em uma partida de xadrez.

Meus colegas passaram muito tempo conversando com o pessoal da Kodak, e estavam cheios até as orelhas de fatos e números sobre a ciência envolvida na câmera.

---

* Programa televisivo de educação infantil, no Brasil chamado de *Vila Sésamo*. (N. do T.)

Eu, felizmente, não me absorvi na pesquisa. No instante em que vi a câmera digital Kodak, minha reação instintiva foi a de que ela era a verdadeira câmera PhD (*Push Here, Dummy* — "Aperte Aqui, Imbecil"); devia ser promovida para mãezonas, crianças, avós e praticamente todas as pessoas que nada sabem sobre tirar fotos. A câmera, com toda a sua complexidade, era de uso incrivelmente simples.

Assim, resolvi escrever uma canção singela, frisando que a câmera era fácil de operar. A canção se intitulava *I'm Gonna Getcha with the Kodak Disc* ("Vou Me Dar Bem com o Disquete Kodak"), e o anúncio mostrava pais e filhos fotografando uns aos outros com um ligeiro movimento do pulso. A Kodak o adorou e resolveu adotá-lo. Embora parte do pessoal de marketing da empresa ficasse simplesmente indignada com essa insensata bobagem — como ousávamos usá-la para mascatear sua obra-prima científica?! —, o anúncio ajudou indubitavelmente a desenvolver uma bela imagem para os resultados de venda da câmera.

Pare de Bancar o Velho

Um apresentador de um programa de rádio comentou certa vez que dentro de todo indivíduo de meia-idade bebericando café ou chá há uma criança de 8 anos chupando sorvete. É na criança interior que se encontra a maior parte de nosso eu imaginativo e irreprimido. Ela é, com isso, um canteiro embrionário para cultivar idéias Big Bangs. É a sala de recreação onde nossas mentes vagueiam livres e sem grilhões, onde os sentimentos regem o ambiente. Em *Riding the Tiger: Doing Business in a Transforming World* (Montando o Tigre: Fazendo Negócios em um Mundo em Transformação), Harrison Owen diz: "Quando brincamos, podemos fazer no tempo suposto (um contínuo espaço-tempo de nossa criação) coisas que seriam impossíveis, impensáveis ou perigosas no tempo real. Assim, ocorre por vezes de a linha entre o 'suposto' e o 'real' ser removida, e de algum modo o impossível, impensável e perigoso torna-se prática comum. A isso se chama inovação e criatividade".

Infelizmente, as pretensões dos hábitos, convenções e comportamentos adultos tendem a sufocar a criatividade. Roger von Oech, diretor de workshops sobre criatividade e autor do *best-seller* de um milhão de cópias *Um "toc" na cuca*, afirma que somos treinados para ficar na linha desde o minuto em que entramos na escola, local onde o sistema insiste em que existe uma única resposta certa, quando há com freqüência muitas. "Se achar que só existe uma resposta certa, você deixará de procurar assim que topar com a primeira."

Mas ativar seu lado brincalhão pode trazer grandes resultados. Permita-me dar-lhe um exemplo. Quando a revista *Vanity Fair* voltou à vida em 1983, foi relançada como uma publicação literária e intelectual, cheia de literatura séria e artigos longos e sisudos. Ela era tudo, menos popular. O proprietário, Condé Nast, decidiu contratar a editora britânica Tina Brown, que transformou a estratégia da revista, apelando para o adolescente que há em todos nós. Ela recheou-a de histórias de crimes dignas de tablóides, de seções sobre as estrelas da vez e de fofocas sobre gente 'popular'. Com isso, converteu a revista em uma das maiores histórias de sucesso do setor.

Big Bangs como esse ocorrem mais facilmente quando você alimenta seu lado infantil. Roy J. Bostock, *chairman* aposentado do McManus Group e atual *chairman* da Partnership for a Drug-Free America, era o responsável pela agência que criou os primeiros comerciais dos sapos da Budweiser. Bostock se lembra de haver conversado com os dois rapazes que tiveram a idéia e perguntado qual tinha sido sua inspiração. "Eles disseram que sabiam estar em busca de uma idéia que atraísse gente entre 21 e 28 anos", recorda Bostock. "Por alguma razão, começaram a falar de sua juventude e das coisas de que gostavam na infância." Logo ambos estavam revivendo os dias em que passavam horas pegando sapos e brincando com eles. "Subitamente,

Anúncios Doces

O pessoal no KTG já notou que eu sempre rio das idéias do diretor de arte Whitney Pillsbury. Um dia ele me confessou seu segredo: ele atira uma tigela de M&Ms à minha frente antes de ler seus roteiros. Whitney percebeu que, quando como chocolate, fico mais feliz e mais disposta a gostar de seu trabalho. (E ele também é uma das pessoas mais engraçadas deste mundo.) Acontece que isso não se dá apenas comigo: o chocolate contém mais de 300 substâncias químicas, incluindo cafeína, teobromina e feniletilamina — que estimulam os neurotransmissores cerebrais que controlam nossa capacidade de concentração. Se você quiser conquistar um chefe ou cliente com sua campanha Big Bang, incumba algum dos funcionários de cuidar para que todas as reuniões se iniciem com alguns incentivos açucarados.

perceberam que tinham de usar um sapo nos anúncios da Bud." Essa conexão com a infância resultou em uma das melhores peças publicitárias voltadas para homens jovens — um dos mais cobiçados alvos demográficos dos anúncios de TV.

Os adultos requerem esse relaxamento para liberarem as idéias criativas que jazem na imaginação. Descobri isso em 1981, quando era redatora júnior na J. Walter Thompson, em um escritório minúsculo como uma nota de um dólar, e um salário correspondente. Eu estava cruzando os dedos para trabalhar na concorrência da Toys "R" Us, da qual nossa agência fora convidada a participar. Talvez por não ter deixado morrer minha criança interior, criei um dos maiores Bangs de minha carreira.

Não Vou Crescer

Na época, a Toys "R" Us estava em busca de uma nova agência. Suas lojas, como as das concorrentes Child World (posteriormente condenada à extinção pelo brilhante tino comercial de Charles Lazarus) e K-B Toys, não eram mais do que grandes mercados de brinquedos. Tornara-se dolorosamente óbvio para nós que uma Barbie é uma Barbie é uma Barbie, não importa onde a compremos. Sabíamos que seria necessário criar para a loja uma imagem que fizesse tudo, exceto mostrar suas dependências — que eram amplas, intimidantes e calorosas. De algum modo, tínhamos de fazer com que os consumidores sentissem que, quando se compra um brinquedo na Toys "R" Us, leva-se para casa algo de muito mais valor.

Nossa equipe saiu a campo, comprou um punhado de brinquedos — para propósitos (bem!) de pesquisa — e os trouxe de volta aos escritórios, onde se pôs a analisá-los. Em pouco tempo estávamos brincando com eles, incapazes de deixá-los de lado. Foi então que a idéia Big Bang nos atingiu na cabeça, como um disco de hóquei: os brinquedos fazem você se sentir criança outra vez. E isso é bom. Sendo tão bom, pensamos, por que alguém ia querer crescer?

James Patterson, diretor-executivo de criação, e Deyna Vesey, minha diretora de arte, desenvolveram a chamada *I Don't Wanna Grow Up, I'm a Toys 'R' Us Kid* ("Não Quero Crescer, Sou uma Criança da Toys 'R' Us"). Para que a estratégia realmente vingasse, porém, precisávamos de algo mais além da linha temática. O que precisávamos, eu percebi, era de uma canção.

Era um trabalho para a minha veia musical. Tenho o grau de mestre em musicologia (que, para aqueles não familiarizados com a tilintante empolgação da academia, é a história da música desde a flauta de Pã), e já havia composto várias canções infantis e alguns números secundários (e ponha secundários nisso!) para a Broadway. Ainda assim, as chances de eu escrever a canção que ganharia o contrato e acabaria aparecendo em rede nacional eram mais mirradas que meu cheque de pagamento. Na verdade, recorremos a um grande número de agências musicais, e cada uma delas apresentou afoitamente suas canções, no afã de arrebatar a vultosa recompensa residual que vem com uma campanha bem difundida. Mesmo o compositor Charles Strouse (de *Annie* e *Bye Bye Birdie*), ganhador do prêmio Tony, compôs uma peça para nós. Claro, a solução evidente seria a canção "Eu Não Vou Crescer", do musical *Peter Pan* (pela qual os detentores dos direitos queriam 100 mil dólares).

Mas nenhuma das 15 ou mais que recebemos nos deixou na ponta dos pés. Por isso comecei a brincar com meu teclado um dia e acabei criando uma coisinha infantil que a meu ver poderia atrair as crianças. Meu chefe não gostou muito, mas concordou em mostrá-la ao cliente. Acontece que os caras da Toys "R" Us adoraram a música (quanto mais não fosse porque ela não lhes custaria nada). Além disso, quando foi testada com crianças pequenas, ela recebeu ressonantes polegares para cima (das crianças que conseguiram tirar o dedo da boca, quero dizer).

Uma semana depois que a canção foi oficialmente ao ar em rede nacional, meu chefe confessou que se enganara com ela.

"O que fez você mudar de idéia?", perguntei.

"Ora", ele disse, "eu estava tomando café no aeroporto de Logan ontem, e o garçom estava cantarolando sua música".

Duas semanas depois vi um garoto cantando-a na rua. Sua mãe lhe gritou que, se ele não parasse com aquela musiquinha idiota, iam perder o ônibus. Tive vontade de dar-lhe um beijo!

Vinte e dois anos depois, *I Don't Wanna Grow Up, I'm a Toys 'R' Us Kid* continua a ser a canção temática da loja nos anúncios de rádio e TV. Praticamente toda criança do país (como também seus pais) sabem cantá-la. Se você visitar a loja central na Times Square, em Manhattan, ouvirá mais de dez arranjos diferentes tocados nos diversos departamentos. Ela se tornou uma das canções com maior tempo de veiculação da história da publicidade.

"I'M A TOYS 'R' US KID" É UMA DAS CANÇÕES COM MAIOR TEMPO DE VEICULAÇÃO EM TODA A PUBLICIDADE.

Por que o conceito deu certo? Bem, a canção era boa, eu acho. Mas ele também envolvia certa mentalidade, um lembrete de como seria voltar à infância. Dando asas à nossa criança interior durante as reuniões de criação, desenvolvemos uma idéia que aproveitava a criança de 6 anos que vive em cada um de nós.

Deixe de Ser Bacana

'Estar na onda' em marketing é quase sempre um beijo da morte. Os modismos vêm e vão. Isso significa que podem ficar ultrapassados em um nanossegundo. E ser bacana é francamente alienante: todo mundo que se sentir por fora de seu círculo vai virar as costas para sua mensagem. Como resultado, um anúncio 'na moda' limita o número de pessoas com quem estabelece contato.

Deixe-me citar um caso pertinente. Há vários anos a Norwegian Cruise Line lançou uma campanha chamada *It's Different Out Here* ("Aqui Fora É Diferente").

Os anúncios eram simples e etéreos, com *close-ups* vanguardistas em preto-e-branco de luxuriantes cenários insulares, de água ondulante, de casais glamourosos passeando. Todos no mundo publicitário ficaram loucos com os anúncios, que ganharam mil aprovações. O problema? Eles não vendiam cruzeiros. Os consumidores não entendiam patavina deles. "Cada tomada daqueles anúncios merecia ser emoldurada", disse a então vice-presidente de marketing Nina Cohen, "mas não estamos no ramo de molduras". Ela contratou uma nova agência, e logo a empresa voltou a anúncios mais tradicionais, que falavam de grandes cabines, locais distantes, boa comida — coisas com que os usuários de cruzeiros conseguem se identificar.

Quando a Continental Airlines renovou seus negócios em meados dos anos 90, ela não usou anúncios chamativos. A maioria das companhias aéreas da época ainda empregava anúncios com aviões fendendo nuvens, recorda Bonnie Reitz, ex-vice-presidente sênior de marketing, vendas e distribuição na Continental. "Alguns dos anúncios eram ainda mais abstratos, com tomadas de balões cruzando os ares com mensagens escritas", ela diz. A Continental, no entanto, decidiu "ser muito simples e franca, e falar aos consumidores de coisas que tinham importância para eles", diz Reitz. Eles sabiam que os viajantes freqüentes desejam consistência, conforto e conveniência. É isso — ponto. Nada de surpresas. Nada de preços de liquidação. Com sua campanha *Work Hard, Fly Right* ("Trabalhe Duro, Voe Certo"), eles transmitiram a mensagem de que atendiam às necessidades reais de seus usuários mais corriqueiros, os viajantes de negócios. Como resultado, protagonizaram uma das maiores reviravoltas de nosso tempo. São hoje a companhia aérea número um com partida de Nova York, e superam regularmente a concorrência nas pesquisas sobre a satisfação do consumidor.

Há executivos de marketing tão concentrados em ser bacanas que ignoram o propósito primordial do anúncio: beneficiar a marca. "Certas pessoas que criam anúncios para a TV sentem que a marca atrapalha o que estão tentando fazer", diz Gerry Lukeman, *chairman* emérito da Ipsos-ASI, agência de pesquisas publicitárias estabelecida em Connecticut, "de modo que só se concentram nela, relutantemente, no fim do comercial. Fazem o anúncio menos pela marca do que pela arte. Tendo analisado uma grande quantidade desse tipo de material, parece-me que uma minoria considerável de pessoas na área criativa está no negócio de criar filmes estrangeiros de 30 segundos. Tudo o que as atrapalhar nesse propósito será visto como um obstáculo".

PARE DE PENSAR

COM SEUS INTELIGENTES ANÚNCIOS DE VIAGENS, COMO ESTE DO VÔO DE NOVA YORK
A TEL AVIV, A CONTINENTAL CONSEGUIU FIRMAR UMA IMAGEM DE VERSATILIDADE E PRATICIDADE.

Em vez de se concentrar em estar na ponta, é muito mais importante ater-se ao básico e nunca trair seu estilo. Afine-se com a alma das pessoas. A bem dizer, acreditamos que você deva fazer um esforço consciente para *não estar* na onda, nem se distrair com modismos. Como disse Maurice Lévy, CEO da Publicis Groupe, em uma entrevista recente ao *New York Times*: "Há pessoas que fazem anúncios para o que chamo de aldeia publicitária, e pessoas que fazem anúncios para o consumidor". Nós temos tido sucesso porque nos concentramos exclusivamente em criar campanhas voltadas ao *consumidor*. É por isso que existimos — para ajudar as empresas a vender sua imagem e seus produtos.

A chave é descobrir a verdade que você está tentando transmitir para o público — e encontrar um meio de expressá-la pela emoção.

Foi essa a filosofia que adotei quando me pediram que ajudasse na propaganda para a primeira campanha presidencial de Bill Clinton, em 1992. Isso ocorreu na época da história das Gennifer Flowers, e Mandy Grunwald, uma das estrategistas políticas de Clinton, percebeu que o candidato precisava de um bom e antiquado apelo emocional.

Amigo do Bill

Em setembro de 1992, corriam tantas histórias difamadoras a respeito de Bill Clinton que Grunwald quis lembrar aos eleitores a luta à Horatio Alger de Clinton em sua infância pobre em Hope, no Arkansas, até a candidatura presidencial.

Fui incumbida de criar um anúncio biográfico de 60 segundos que seria veiculado poucas semanas antes da eleição. Até o momento, o padrão biográfico em anúncios políticos era uma misturada de retumbantes fanfarras, lugares-comuns e listas intermináveis de projetos que o candidato apresentou ou apoiou. Todavia, para um público que já andava desconfiado, precisávamos de um filme que ligasse as pessoas emocionalmente a Clinton, de uma mensagem que convencesse os eleitores de que ele poria "O Povo Primeiro". As indiretas dos tablóides faziam Clinton parecer inelegível; mas, depois de encontrá-lo, meus instintos me disseram algo muito diferente. Convenci-me de que Clinton era um homem que se preocupava com o homem comum e acreditava apaixonadamente nas causas que defendia. Meu desafio era descobrir um meio para que os norte-americanos também vissem isso.

PARE DE PENSAR

ESTA IMAGEM PROFÉTICA, PARTE DE UM COMERCIAL PARA A CAMPANHA DE
CLINTON EM 1992, FOI DIRETO AO CORAÇÃO DOS CONSUMIDORES.

Enchi o anúncio de memórias de álbum, incluindo imagens de Bill aos 17 anos apertando a mão do presidente Kennedy, retratos esmaecidos da loja de seus avós em Hope, no Arkansas, fotos inocentes em preto-e-branco de sua modesta origem interiorana. Em seguida, editei tudo em câmera leeeeenta, já que nada emociona mais as pessoas do que gente se mexendo devagar. Assista a uma velha gravação de seu avô perambulando em seu primeiro aniversário, e ele parecerá um personagem de *Um Estranho no Ninho*. Mas reveja a gravação em câmera lenta, e ele subitamente parecerá um cinemático leão no inverno, e você sentirá seus olhos transbordando de lágrimas. É um truque batido, mas funciona.

O anúncio que criei conseguiu duas coisas: ajudou-nos a acreditar uma vez mais no sonho norte-americano de que tudo é possível. Afinal de contas, vejam só de onde veio esse cara — o anúncio parecia dizer —, e vejam aonde ele está indo! O anúncio também deixou Clinton mais humano, o que tornou mais perdoáveis suas propaladas transgressões. Era o antídoto perfeito para o cinismo da imprensa na época.

121

Depois que finalizei o anúncio e o despachei, um dos produtores me chamou. "Espero que esteja sentada", ele disse. E me contou que o governador rodara a fita vezes e vezes seguidas. Ele estava simplesmente chorando. Nunca tinha visto sua vida retratada de modo tão emotivo. A maioria dos anúncios até aquele momento tinha sido uma lista meio clínica de suas realizações. Como Mandy Grunwald contou posteriormente ao *USA Today*, este era diferente. "Vimos o anúncio pela primeira vez e percebemos que era perfeito — tocante, comovente. É raro quando isso acontece."

Pare de Negar Seus Sentimentos

A emoção é universal. Em vez de tentar pensar no que soa engraçado para as mães corujas, pense no que soa engraçado para *você*. Em vez de tentar adivinhar o que comoverá um paizão empertigado de dois filhos, pense em algo que dê um nó em *sua* garganta. Você pode se achar mais elevado do que Anna Nicole Smith, mas eis aqui a indiscutível verdade: compartilhamos 99,9% dos mesmos genes. Somos todos notavelmente parecidos. Por isso, resigne-se.

O fato é que emoções batidas brotam de verdades básicas. Elas não mudam com as estações. Diga olá a alguém em Botsuana, e você topará com um olhar vazio. Mas compartilhe fotos de seus filhos, e ganhará um amigo por toda a vida. Por isso, se uma idéia o faz rir, as chances são de que também faça rir os outros. Se me faz chorar, também o fará chorar.

Big Bangs ocorrem quando você se conecta a uma emoção primária. Por que o Volkswagen Beetle faz tanto sucesso? Margaret Mark e Carol S. Pearson, autoras de *The Hero and the Outlaw: Building Extraordinary Brands Through the Power of Archetypes* (O Herói e o Fora-da-Lei: Criando Marcas Extraordinárias pelo Poder dos Arquétipos), afirmam que ele apela para um de nossos sentimentos mais universais: "Vendo o design pela ótica dos arquétipos, vemos que a 'cara' do novo Beetle é virtualmente idêntica ao rosto de uma criança — grandes olhos e uma testa alta e lisa. Pesquisas demonstraram que, por toda parte, nos reinos animal e humano, essas mesmas características infantis, as características dos Inocentes, indicam que não há ameaça e que a criatura necessita de amparo. [...] São rostos que conquistam corações por todo o mundo".

Tinja Sorrindo

Sempre confiei em emoções básicas para estabelecer contato com meu público. No início dos anos 90, enquanto estava na J. Walter Thompson, ganhamos os negócios da Clairol. Pediram-me que desenvolvesse alguns comerciais para o Nice 'n Easy, uma tintura capilar de nível inicial, para pessoas com certo receio de tingir os cabelos.

O Nice 'n Easy vinha tendo um desempenho terrível, sobretudo pela campanha da época, que era apologética demais. Os anúncios diziam basicamente: não se preocupe, as pessoas não vão perceber, não vai mudar muito. Eu sabia que esta era a abordagem errada. "Olhem", eu disse ao pessoal da Clairol, "vocês estão tornando a coisa muito séria! Isso não é cirurgia cerebral, é só a cor dos cabelos, pelo amor de Deus! As mulheres têm filhos, têm câncer de mama, têm maridos moscas-mortas! Tingir o cabelo é o menor de nossos problemas!"

Afirmei que em vez disso devíamos fazer da idéia de pintar os cabelos algo engraçado, e propusemos usar Julia Louis-Dreyfus como porta-voz. Na época, Louis-Dreyfus estava em um programa divertido mas pouco conhecido chamado *Seinfeld*. "Sua personagem, Elaine, é a garota da casa vizinha: legal, um pouco sarcástica, atraente, mas não muito bonita. É alguém com quem as mulheres gostariam de conversar, não uma supermodelo gélida", expliquei ao pessoal da Clairol.

O executivo com quem eu estava trabalhando respondeu: "Só sobre meu cadáver terei uma comediante morena em lugar de uma modelo para anunciar e vender nossa tintura!" Mas eu tive aquela sensação familiar nas entranhas de que este era um Big Bang. Por isso me neguei a abrir mão da idéia. Levei-a para outras pessoas na Clairol.

Finalmente encontrei Peter Spengler, alto executivo da Bristol-Myers Squibb que conhecia o *Seinfeld*; depois de muito pedir e implorar, e com o apoio de Steve Sadove, ex-presidente da Clairol, eles convenceram o diretor de marketing a correr o risco. Nem cuidamos de fazer um teste: seguimos em frente e gravamos os comerciais. E eram muito engraçados. Em um deles, Louis-Dreyfus tagarelava sobre a sorte que tinha por ter nascido com um cabelo natural tão bonito, e então sussurrava confidencialmente para o público: "É o Castanho Escuro Natural 121".

Passada uma semana da veiculação dos anúncios, as vendas dispararam, e já não se achava o Castanho Escuro Natural 121 nas prateleiras.

Prosseguimos com um anúncio em que Louis-Dreyfus aparece em um ônibus urbano; ela transforma uma mulher de desbotados cabelos castanhos em uma loira fabulosa em plena rodovia M2. No fim do comercial, nossa nova dinamite loira é lançada ônibus afora por Louis-Dreyfus, com a frase "Você vai parar o trânsito", e nessa altura o espectador ouve um ressonante estrondo. Os comerciais viraram sucessos instantâneos, catapultando as vendas do Nice 'n Easy para a maior alta de todos os tempos e ajudando-o a retomar sua posição como líder da categoria, na época.

Essa experiência mostrou quão eficaz é o humor quando se trata de estabelecer contato com as pessoas. Foi a primeira campanha na categoria de beleza feminina a fazer uso do humor, e funcionou às mil maravilhas. Com sua atitude bem-humorada, o comercial dizia para as mulheres lá fora: "Quer saber? Não há problema algum em pintar os cabelos. Não há problema que todos saibam, e não há problema que seja óbvio. É divertido!"

A face reversa do humor, a comoção, é outro meio eficaz de criar Big Bangs. Em 1997 a AT&T lançou uma série de anúncios para seus telefones wireless. No entanto, em vez de falar da tecnologia envolvida ou de tentar explicar alguma complicada fórmula de minutos por semana, os anúncios se concentravam nos elos simples entre familiares e amigos. Em um comercial memorável, ideal para aquelas mães que trabalham fora e se sentem culpadas, sob a trilha de *Girls Just Want to Have Fun,* de Cyndi Lauper, uma mãe profissional está tentando atirar todo mundo pela porta afora, em uma agitada manhã de dia de semana. Ela explica à sua filha que não pode parar para conversar, pois tem uma reunião com um cliente. A filha a encara e diz: "Quando vou poder ser o cliente?" A mãe subitamente pára o que está fazendo, olha os filhos e anuncia que aquele será um dia de folga. A família vai para a praia, com o fidedigno celular da mãe a postos, para o caso de surgirem negócios. Os anúncios foram os primeiros do ramo telecom a figurar entre os 20 mais populares do índice de consumo Ad Track, do *USA Today.*

Apelar para o coração — por mais banal que pareça — foi a fórmula simples que a Eastman Kodak usou para encher os bolsos durante os anos 70 e 80. Naquela época, quando era a diretora de criação responsável por atender a Kodak, eu sabia que todo anúncio que fizesse precisaria ter o mesmo resultado ao ser mostrado aos clientes: trazer-lhes lágrimas aos olhos. Era simplesmente isso. A Kodak já era um ícone, e seu pessoal de marketing conhecia plenamente a importância de explorar as emoções das pessoas. Afinal de contas, a Kodak era a contadora de histórias dos Estados Unidos, a preservadora de nossas memórias, o produto capaz de frear o tempo.

Assim, nossa equipe criava anúncios que captavam momentos comoventes, com os quais todos conseguissem se identificar: *Daddy's Little Girl* ("A Garotinha do Papai!"), pelos parceiros de criação Mimi Emilita e Michael Hart, mostrava um pai dançando no casamento da filha e relembrando nostalgicamente imagens da infância dela. Criei um anúncio com meu diretor de arte, Greg Weinschenker, chamado "America": um passeio de motocicleta de um veterano do Vietnã, redescobrindo seu país. A canção popular que escrevi para o anúncio acabou ganhando o Clio do ano por Melhor Música Original com Letra.

Os comerciais eram incrivelmente eficazes, a ponto de serem mais comentados do que os programas que patrocinavam. Algumas pessoas começaram a chamar os momentos tocantes de suas vidas de "Momentos Kodak". Acredite ou não, até aquele momento nunca tínhamos usado essa frase em nossos anúncios. Mas ela se tornou desde então parte do vernáculo norte-americano, servido de propaganda boca a boca para a marca sempre que é proferida.

Meu Próprio Momento Kodak

Básicas e simples como são tais emoções, desenvolver momentos Kodak nem sempre foi fácil. Em 1985 estávamos sob mira, e precisávamos desesperadamente de um novo anúncio. Mas nada funcionava. Ao mesmo tempo, o aniversário de 65 anos de meu pai se aproximava, e eu vinha tendo problemas para pensar em um presente adequado. Uma nova gravata ou vale-presente não parecia condizente com a celebração de uma data dessas. Conforme a reunião da Kodak e o aniversário de meu pai se aproximavam, os dois dilemas subitamente convergiram em mim, gerando nisso um Big Bang.

Reuni todas as antigas imagens de meu pai e sua família, e editei-as em um filme, para o qual escrevi uma canção: *Dear Old Dad* ("Querido e Velho Pai"). No aniversário de meu pai, pedi-lhe que ligasse no canal 5 para ver um de seus filmes favoritos, *O Homem do Terno Cinzento*, estrelado por Gregory Peck. Minha verdadeira razão para levá-lo à TV tornou-se evidente quando, no meio do programa, entrou um comercial da Kodak. Ele abria com um texto escrito a mão dizendo: "Para meu pai, em seu 65º aniversário. Com amor, Linda". Seguiu-se um vídeo de homenagem de dois minutos, encerrando-se com a imagem de um filme Kodak e a chamada: "Quando foi a última vez que você fotografou seu pai?" Sim, isso fez meu pai chorar. Mas, o mais importante, o anúncio fez pais chorarem por todo o país.

Durante anos, a Kodak veiculou um comercial do Dia dos Pais com o mesmo tema. Essa conexão entre um pai e sua filha estimulava as lembranças de milhões de pessoas que o viam. Não parecia óbvio na época, mas o que podia ser mais simples do que partir da própria experiência, das próprias emoções?

Na busca por um Big Bang, por vezes é útil procurar dentro de si mesmo, explorar aquelas emoções que compensam a inaptidão de palavras e idéias, tocando aquele ponto em que nosso DNA emocional permanece idêntico.

> *Para Papai,*
> *No seu 65º aniversário*
>
> *Com Amor,*
> *Linda*

IMAGINEM A REAÇÃO DE MEU PAI QUANDO VIU NA TV ESTE TRIBUTO KODAK DE DOIS MINUTOS.

Falamos das ferramentas que descobrimos para ajudar a criar idéias Big Bang: senso comum contra-intuitivo, compressão, caos, intuição, fluência na linguagem das emoções. E discutimos como criar um ambiente que fomente idéias Big Bang. Assim que você tiver uma caixa de entrada repleta de idéias, porém, será necessário determinar qual delas é a que tem poder explosivo, qual efetivamente fará Bang.

CAPÍTULO

6

O QUE GERA UM

bang?

Quando a maçã caiu na cabeça de Isaac Newton (segundo conta a lenda), ele fez uma associação brilhante e descobriu a gravidade. Mas poucos de nós reconheceriam tão facilmente um Big Bang. Assim, como ter certeza de que, quando uma idéia Big Bang cruzar sua mesa, você a reconhecerá?

Em nossos escritórios caoticamente criativos, as idéias praticamente ricocheteiam pelas paredes. A maioria, evidentemente, é abacaxi. Algumas são boas. Umas poucas são excelentes. Mas mesmo idéias excelentes podem não servir. Algumas são complicadas demais para atrair um mercado de massa. Outras são muito previsíveis. Algumas negligenciam detalhes fundamentais. Algumas, embora possam ser fabulosamente engraçadas ou tocantes, podem estar simplesmente equivocadas. Uma dessas idéias Big Bang, contudo, tem o potencial de fazer um produto atravessar o teto. E é seu trabalho descobrir qual delas.

Desenvolver boas idéias é uma coisa; outra é escolher aquela que renderá ouro. Claro, você precisa de experiência e intuição para identificar as melhores idéias ou temas. Todavia, você não pode pedir a um cliente que arrisque milhões de dólares só porque uma campanha de marketing lhe causa arrepios. É nesse ponto que deve tomar uma atitude clínica e pôr sua idéia à prova.

O problema é: que prova? Não existe teste de tornassol para idéias Big Bang, não há método científico para isolar a idéia capaz de emplacar. Até que a campanha ou produto sejam lançados no universo, jamais sabemos ao certo se é ela a que efetivamente explodirá.

Isso não impede que a maioria dos profissionais de marketing submeta suas melhores opções aos passos tradicionais em testes com consumidores — como discussões em grupo e testes de recordação — e compare os resultados para determinar qual idéia vai funcionar. Mas acreditamos que esse tipo de pesquisa de marketing só conte metade da história, quando muito.

Um motivo é que uma certa mentalidade grupal se estabelece nas discussões em grupo. Quem é que vai admitir que gosta do baixo, banal, exótico ou descaradamente esquisito na frente de um bando de outras pessoas? Isso diz pouco sobre como as pessoas se comportarão sozinhas no corredor de uma loja. Rob Matteucci, que dirige o departamento de tinturas capilares da Procter & Gamble, observa, por exemplo, que muito poucos homens admitirão ligar para a aparência. "Eles sentem, tanto quanto as mulheres, que a aparência é importante, mas não o admitem. Mas eu já vi isso. Eles passam pelas mesmas rotinas de *spray* capilar e modeladores no banheiro. Os homens são tão obcecados pelos cabelos como a maioria das mulheres. Mas você não descobrirá isso em pesquisas como as discussões em grupo, pois eles não vão admitir. Em casos como este, as pesquisas podem até mesmo ser enganadoras. Para nos entrosarmos com os homens em matéria de cuidados com a aparência, precisamos alcançar o que eles têm no coração, sem ligar para o que dizem com a boca." Embora acreditemos que ferramentas de pesquisa como as discussões em grupo tenham seu lugar, achamos que sua utilidade é limitada.

Em vez delas, usamos intensivamente pesquisas etnográficas, que o marketing tomou emprestado da ciência social da antropologia cultural. Muitas vezes a melhor maneira de aprender com os consumidores é observá-los. Descobre-se muita coisa sobre os verdadeiros sentimentos das pessoas observando minuciosamente sua interação com produtos e marcas. Sim, esse tipo de observação é uma pesquisa subjetiva e qualitativa. Mas acreditamos ser possível aprender mais observando detidamente como

15 pessoas usam seus relógios do que atirando cinco relógios à frente de 50 ou 100 pessoas e perguntando-lhes de qual gostam.

Vamos a lares, a ruas e a lojas e estabelecimentos de varejo para analisar os hábitos, sentimentos e comportamentos das pessoas. Nossa planejadora estratégica Denise Larson chegou até mesmo a seguir uns dez ou mais homens até o banheiro para vê-los fazendo a barba, com o objetivo de coletar dados para nossa campanha do barbeador Panasonic.

No final, descobrimos que analisar resultados de pesquisas de mercado é uma arte, não uma ciência. Em vez de considerar tais resultados um evangelho, nós os vemos como parte de um quadro mais geral. Para usar as palavras da Dra. Ona Robinson, achamos ser muito mais importante, nas pesquisas de mercado, "afinar-se com a experiência do que com a opinião do grupo". Não nos limitamos a ouvir suas palavras, concentramo-nos em indícios não-verbais, na linguagem corporal, na posição que as pessoas assumem umas para com as outras. Em vez de ponderar sobre cada palavra, observamos se os participantes estão atentos e interessados.

Depois de anos observando idéias que explodiram e idéias que pifaram, depois de décadas de experiência em pesquisas de mercado, identificamos várias das características de um Big Bang. Sempre que avaliamos um conjunto de idéias a serem apresentadas a um cliente, sempre que estamos no meio de testes de consumo, fazemos a nós mesmos algumas perguntas, buscando identificar a idéia que possui o maior potencial. Nosso teste não é infalível: por vezes surgem grandes idéias que não atendem a algum de nossos critérios de avaliação, e nós as deixamos passar. Mas descobrimos que idéias Big Bang atendem a todos ou a quase todos os mandamentos a seguir.

Eis as perguntas que fazemos, sempre que avaliamos devidamente uma idéia potencialmente Big Bang.

Ela É Elegantemente Simples?

Idéias Big Bang raramente são complexas. Se você estiver em busca de uma idéia que se firme na mente das pessoas, que seja forte o suficiente para tocar suas vidas, para ser imitada, parodiada e incorporada ao linguajar cotidiano, ela será usualmente simples. Pouca gente tem tempo para parar e decifrar o que você está tentando dizer.

Independentemente de a campanha concentrar-se em uma frase, em uma canção ou em uma imagem, um anúncio ou *slogan* Big Bang desenha as proverbiais mil palavras em um instante. *The Quicker Picker-Upper. Sometimes you feel like a nut, sometimes you don't. All the news that's fit to print.** "Pense diferente". Cada uma dessas idéias enfatiza um conceito simples.

A campanha *Work Hard, Fly Right* ("Trabalhe Duro, Voe Certo"), da Continental, escrita pelos diretores de criação do KTG Jack Cardone e Mike Grieco, condensava em quatro palavras o que a Continental tinha a dizer ao mundo. A empresa percebeu que seu alvo eram viajantes de negócios em busca de uma companhia aérea que não pisasse na bola. O *slogan* dizia tudo isso.

James Carville, durante a primeira campanha de Clinton, desenvolveu o *slogan It's the Economy, Stupid* ("É a Economia, Seu Tonto!"). Havia uma série de outros problemas ocorrendo então no país — lembra-se de quando os planos administrativos de saúde surgiram em cena? —, mas ele se negou a utilizar um anúncio que não se concentrasse nesse ponto específico. A maioria dos consultores políticos, com efeito, dirá que, para vencer uma campanha, cumpre concentrar-se em um tópico determinante.

No entanto, com grande freqüência as pessoas ignoram idéias que poderiam vir a ser Big Bangs, somente por não serem 'grandes' o bastante. A. G. Lafley, CEO da Procter & Gamble, disse-nos em uma reunião recente: "Sempre que temos mais de duas partes móveis em uma coisa começamos a ter problemas. O mais simples é também o melhor. Com uma nova marca, a questão é 'quem você é e o que faz'. Para marcas que já existem, a questão é 'experimente-me'. Não há complicação".

Às vezes os profissionais de publicidade ou marketing, no afã de criar algo de 'grande', elaboram mensagens confusas. Em seu desejo de desenvolver um logotipo ou chamada memorável, eles se esquecem de que a mensagem tem de ser cristalina. Foi justamente isso que diferenciou duas recentes campanhas de marketing para serviços telefônicos sem fio.

Pouco antes do Super Bowl de 2002, entrou no ar uma série de anúncios falando de algo chamado mLife. "Como nada viesse de imediato à mente, muitos de nós concluíram que devia se tratar de alguma nova forma de seguro de vida ou benefícios

---

* *Slogans*, respectivamente, das toalhas de papel Bounty, dos doces Almond Joy e Mounds, e do *New York Times*. Nos três casos há expressões idiomáticas cujo sentido se perderia na tradução. (N.do T.)

trabalhistas", escreveu Rance Crain, editor-chefe da *Advertising Age*. Acabamos sabendo que "mLife" designava os celulares, *pagers* e outros produtos oferecidos pela AT&T. Os anúncios eram tão ambíguos que a Metropolitan Life Insurance Company imediatamente abriu um processo, afirmando que "mLife" podia ser facilmente confundido com "MetLife". As duas empresas se entenderam entre si, mas o veredicto fora dado. Embora o "mLife" tenha sido usado pela AT&T durante dois anos, a campanha em momento algum conseguiu transmitir uma mensagem que fosse instantaneamente cristalina.

Ao mesmo tempo, a Verizon Wireless lançava seus já famosos anúncios *Can you hear me now?* ("Consegue me ouvir agora?"). Eles abordavam o principal problema que atormenta todo usuário de celular: *Ele tem de funcionar.* Mesmo que o aparelho seja capaz de 'teleportá-lo' para Marte, não servirá de nada caso não consiga fazer uma ligação. A campanha foi um sucesso imediato para a Verizon Wireless, em grande parte porque a empresa transmitiu uma idéia fundamental em meros segundos.

A história por trás de uma famosa campanha do Alka-Seltzer é outra ilustração da beleza da simplicidade. Ela é relatada no livro *A Big Life in Advertising* (Uma Grande Vida na Publicidade), de Mary Wells Lawrence, que esteve à frente da equipe responsável pelos projetos do Alka-Seltzer nos anos 60. As vendas estavam ruins e a Miles Laboratories, fabricante do Alka-Seltzer, queria uma solução para sua desalentadora receita. O pessoal de Wells se pôs a trabalhar em alguns comerciais chamativos. Mas não foi senão após uma conversa casual com um médico empregado pela Miles que eles 'descobriram ouro'. O médico revelou a Lawrence e a seu pessoal os resultados de uma descoberta simples: dois tabletes de Alka-Seltzer são mais eficazes que um. Na época, as instruções na embalagem diziam claramente que só se devia tomar uma pílula. E todo comercial mostrava um único tablete caindo na água.

Lawrence e sua equipe passaram rapidamente ao trabalho. Levou pouco tempo para que todos os comerciais do Alka-Seltzer mostrassem dois tabletes sendo lançados em um copo d'água. A Miles Laboratories reescreveu as instruções, incentivando os consumidores a tomar dois tabletes em vez de um. A empresa criou embalagens duplas portáteis de Alka-Seltzer e as vendeu em bancas de jornal, bares, restaurantes *fast-foods* e toda sorte de lugares. O verdadeiro Big Bang ocorreu, contudo, quando uma pessoa da equipe de Lawrence inventou o "Plop, Plop, Fizz, Fizz". Quatro palavrinhas simples — e o resto é história.

Bang! Uma explosão de marketing e publicidade

A SIMPLICIDADE DA MENSAGEM "CONSEGUE ME OUVIR AGORA?", DA VERIZON, SOAVA ALTO E CLARO.

Essa acabou se tornando uma das 15 melhores campanhas publicitárias do século, de acordo com a *Advertising Age*. Previsivelmente, as vendas do Alka-Seltzer praticamente dobraram. Foi uma solução brilhantemente simples — e revolucionou a marca.

Ater-se a uma idéia simples, com efeito, foi o que pôs a Partnership for a Drug-Free America no mapa, segundo Doria Steedman. Hoje o abuso de drogas é um assunto evidentemente recheado de estatísticas e estudos médicos, e muitos profissionais de marketing podem enxertar o máximo possível dessas informações tétricas em seus anúncios. Em 1987, porém, a parceria decidiu utilizar um dos comerciais mais simples jamais escritos.

Ele começava com um homem segurando um ovo. "O ator no comercial não é uma celebridade. Mas tampouco está ali para enrolar. Ele simplesmente segura um ovo e diz: 'Este é seu cérebro'. Então ele o quebra sobre uma panela incandescente, e a câmera focaliza o ovo fritando. Ele diz: 'Este é seu cérebro drogado.'" Steedman diz que o anúncio "funcionou por ser simples e perturbador. Era algo assombroso". Ela observa que este é ainda um dos comerciais mais badalados de todos os tempos, tendo resultado em camisetas, pôsteres, cartuns, paródias e outras coisas mais.

Mas nem sempre é fácil adotar a solução simples. Na verdade, nem sempre é fácil *ver* a solução simples. Descobri isso em 1988, quando a Bell Atlantic estava patrocinando um especial durante a campanha de Barbara Bush pela alfabetização. Meu amigo Chris Clouser, então vice-presidente de publicidade e relações corporativas da Bell Atlantic, perguntou-me se eu podia escrever um comercial. Claro que, como no caso de outras campanhas para causas elevadas, não tínhamos quase nenhum orçamento com que trabalhar. "O que podemos fazer que não custe nada?", lembro-me de ter pensado. Avaliei mentalmente várias possibilidades: que celebridade leria Shakespeare de graça? Como reunir um punhado de imagens persuasivas que mostrem quão importante é esta questão? Comecei a achar que a tarefa era impossível. Em um momento de desespero lembro-me de ter dito a mim mesma: "Datilografar a chamada já ia esgotar o orçamento!". O que evidentemente levou nosso grupo ao grande "Ah! ah!". Por que não fazer simplesmente isso — datilografar palavras? E isso seria todo o comercial.

Bang! Uma explosão de marketing e publicidade

COM SUA CHAMADA "ESTE É SEU CÉREBRO DROGADO", ESTA É UMA DAS MAIS PODEROSAS METÁFORAS ANTIDROGAS DE TODOS OS TEMPOS.

O comercial, uma vez finalizado, consistia em uma mera lista de letras aleatórias movendo-se pela tela, sob o som de uma simples e melancólica música de piano:

Flgk ob nst putaahiy snlau.

Mki ainigh I vpug ct emoem tai.

Amfn ofa nst putsah ka kukg

eorf ie k jka kukg. Amfn goa

tugyg si sbx idtlp

smqu nb qpqtwrd gycm.

Quando os espectadores começavam a se sentir confusos e frustrados, o anúncio se encerrava com a seguinte chamada: "Agora você sabe como milhões de americanos adultos se sentem quando tentam ler alguma coisa".

A solução estava o tempo todo sob meu nariz: um texto não significa nada se você for analfabeto. Em vez de tentar encontrar algum tema venerável sobre literatura, em vez de destilar estatísticas sobre o número de adultos nos Estados Unidos que não sabem ler, deixamos que os leitores experimentassem eles próprios o que é ser analfabeto. Em 30 segundos eles saberiam todo o necessário sobre os motivos para ajudar na campanha pela alfabetização. E isso sem a menor complicação.

Uma idéia, quando elegantemente simples, é fácil de explicar. Se você precisar de 30 páginas de PowerPoint para expor sua idéia, provavelmente não terá um Big Bang. Você deve ser capaz de inclinar-se sobre um amigo e apresentar o conceito em uma só frase. E é aqui que ferramentas de pesquisa como as discussões em grupo podem ajudá-lo. Elas permitem que você verifique se sua mensagem está soando alto e claro.

A beleza de uma idéia elegantemente simples é que ela pode ser convertida em um ícone. Assim que a marca se estabelecer ao longo dos anos, esse ícone se tornará um atalho para o consumidor, gerando propaganda instantânea sempre que for visto. O ruflar da Nike. O olho de boi da Target. A caixa azul com arco branco da Tiffany. Ouvir as primeiras sete notas de *When you wish upon a star...* basta para que nos lembremos de todo o elenco de personagens Disney.

Talvez o exemplo ideal de um ícone decorrente de uma posição mercadológica brilhantemente simples seja o da Apple: uma maçã com um pedaço mordido. Margaret Marke e Carol S. Pearson, em seu livro *The Hero and the Outlaw*, observam que este antiqüíssimo símbolo "evoca o primeiro ato de rebelião no Jardim do Éden, uma poderosa destilação da identidade iconoclasta da marca". O ícone diz que os usuários da

---

Faça Terapia

A maioria dos pesquisadores leva em conta o que é *dito* pelas pessoas que participam de foros de pesquisa de mercado, como discussões em grupo ou coletas etnográficas pelas ruas. O mais importante é que elas *denotam*. Um bom terapeuta se concentra mais no conteúdo emocional da sala do que no conteúdo verbal. Como são especialistas em ler as mensagens secretas das pessoas, eles podem ajudá-lo a ler uma sala — e não somente suas mensagens verbais.

Apple são renegados, gente que vai contra a corrente do PC. Eles celebram todos aqueles que não são seguidores, que pensam diferente e mudam o mundo. É um logo que reflete tanto a cultura à que a Apple se manteve fiel como a marca que ela trabalhou com tanto afinco para estabelecer.

Como observa Mark, que é também consultora de marketing em Westchester County, Nova York, esses ícones não somente facilitam que o consumidor compreenda a mensagem, como também mantêm viva a alma ou o espírito da marca. "A primeira geração a comercializar uma marca icônica pode entendê-la porque participou de sua criação, mas e quanto à geração seguinte? Os criadores podem senti-la nos ossos, mas precisam ser capazes de passá-la adiante", ela diz. "Seja uma idéia publicitária ou de uma empresa, você precisa usar mecanismos como ícones para transmitir aquilo em que consiste a alma da coisa." Assim, toda geração nova pode "descobri-la" por si mesma.

Mark passou três meses criando uma definição verbal para a essência da marca Ralph Lauren. A empresa sentia a necessidade de articular sucintamente o significado da Ralph Lauren, para que todos que tocassem a marca — desde um *designer* gráfico até um vendedor — compreendessem toda a aura e romantismo que se sedimentaram à sua volta. Ela finalmente criou uma sentença que se abria com as palavras "A Ralph Lauren convida você a ser parte de sua romântica jornada por mundos fantásticos — no passado e no futuro...". Levou algum tempo para que a mensagem correta fosse articulada, mas o esforço valeu a pena, diz Mark. "A Ralph Lauren podia ser promovida de um modo frio e arrogante. Mas essa nova atitude tinha um teor convidativo que tornava a marca calorosa e acessível, mesmo para um garoto que não pudesse comprar mais que uma camiseta pólo em promoção".

Anos atrás, meu marido Fred e eu recebemos o pedido de escrever uma canção para a United Jewish Appeal-Federation of New York (Federação Unida de Apoio aos Judeus de Nova York), para fins de arrecadação. Precisávamos de um motivo simples, que nos ajudasse a explicar uma mensagem muito importante. Sabia que Fred viria com uma bonita e memorável canção, mas eu não tinha idéia de quais seriam o tema e a letra. A mensagem que desejávamos transmitir era que o povo judeu por toda parte precisava reconhecer sua responsabilidade por preservar seu legado. Eu estava à procura de uma grande idéia, quando o diretor de atendimento olhou casualmente o logotipo da entidade e observou que ele continha um único detalhe visual chamativo — uma tocha. Começamos a falar do fato de que toda celebração judaica se concentrava em chamas: os menorás do Hannukah, simbolizando os oito dias em que os lampiões milagrosamente arderam no Templo de Jerusalém após a vitória dos Macabeus; as velas do Sabá, que são acesas todas as noites de sexta-feira; a vela Yartzheit, que queima em lembrança de um amor que faleceu. A mensagem, percebi, estava bem sob o meu nariz: *O judaísmo é uma chama eterna que jamais deve expirar.*

Essa breve idéia simbólica resolvia o quebra-cabeça, e em minutos descobri o tema que procurava para o filme: "Mantenha a chama acesa". Fred e eu escrevemos uma canção correspondente, e o filme acabou arrecadando milhões de dólares para a organização.

Ela Pertence ao Universo Certo?

Um detalhe de que as pessoas se esquecem no marketing é que estamos aqui para vender coisas. Existem muitos anúncios divertidos que não vendem seu produto. Quando a Taco Bell criou seu simbólico chihuahua no fim da década de 90, o cachorro falante ficou imensamente popular. Mas ele não convencia as massas a comer na Taco Bell. Quando se pensa a respeito, poucas coisas são menos apetitosas do que um cão vendendo comida. Você realmente engoliria uma comida de que um cachorro gosta? Cães comem qualquer coisa! Como diz Jorge Mesquita, presidente da unidade global de artigos domésticos da Procter & Gamble: "Um anúncio deve ser envolvente, memorável e dramático, mas os benefícios do produto não devem ser tangenciais. Você precisa de uma idéia fundada naquilo que o produto oferece".

Gente demais na área de marketing desperdiça tempo e energia em idéias grandiosas para elevar as vendas, e acabam com um Big Bang no universo errado. A campanha de 1996 da Nissan é um bom exemplo. Naquele setembro, a Nissan lançou um anúncio animado chamado *Toys* ("Brinquedos"), em que um soldado de brinquedo caía da mandíbula de um dinossauro para o assento de uma versão em miniatura do Z, o carro esportivo da marca. O diretor de criação estava determinado a usar a versão do Van Halen de *You Really Got Me*, e a Nissan acabou dando a cada membro da banda um novíssimo Z, como pagamento pelo privilégio.

Quando foi ao ar, o anúncio "Brinquedos" tornou-se um sucesso estrondoso nos meios da imprensa, ganhando elogios do *USA Today,* da *Entertainment Weekly* e de Oprah Winfrey. Foi proclamado o melhor anúncio do ano pela revista *Time*.

E o que ocorreu com as vendas? Caíram em setembro (mês em que o anúncio foi ao ar), em outubro (mais de 10%), em novembro e em dezembro, segundo o *Wall Street Journal*. Ocorreu que o Z estava saindo de linha naquela época — detalhe que de algum modo fora ignorado. As revendedoras não acreditavam que a Nissan estivesse propagandeando um carro que não existia em estoque. Além disso, que entusiasta dos carros esportivos ia querer um carro que parece de brinquedo?

O McDonald's teve uma experiência similar. No final dos anos 90 inventaram o hambúrguer Arch Deluxe, que devia atrair somente adultos. Os anúncios mostravam crianças torcendo o nariz para o sanduíche, e Ronald McDonald jogando — imagine só — golfe. O resultado? As vendas despencaram. Isso pode ter ocorrido por uma série de fatores, mas uma coisa é certa: esses anúncios alienaram a verdadeira razão da existência do McDonald's: as crianças!

Você precisa aprender a determinar o que é importante transmitir ou não. Deve concentrar-se nas coisas realmente relevantes. Por menos glamouroso que pareça, deve rejeitar a tentação de sair-se com uma grande estratégia estonteante, em vez de concentrar-se no assunto em mãos. Shirley Polykoff, a lendária musa da criação por trás dos primeiros sucessos da Clairol — "Ela faz ou não faz?" e "É verdade que as loiras se divertem mais?" —, sabia exatamente com quem estava falando. Ela sempre tratava por "minhas senhoras" as pessoas que compravam produtos para cabelos da Clairol. Se um anúncio não trouxesse uma atitude da marca atraente para as 'senhoras', ela o barrava.

Eugene Secunda, Ph.D., professor de marketing e estudos midiáticos na Universidade de Nova York, recorda um excelente exemplo de transmissão da idéia certa para as pessoas certas. Anos atrás, enquanto era funcionário da J. Walter Thompson, ele trabalhou em uma campanha de recrutamento para o Corpo de Fuzileiros Navais Americanos. Desenvolveram a chamada "Nunca dissemos que seria um mar de rosas", que um sargento berra na cara de um recruta. "Pode-se perguntar: 'Quem é que, em seu juízo perfeito, ia querer uma experiência dessas?'", diz Secunda. "Mas há certos jovens que têm necessidade de se colocar em situações extremamente perigosas, para demonstrar que são homens de verdade, que podem tolerar o rito de passagem e provar sua virilidade", ele explica. E o anúncio funcionou porque atraía justamente esse tipo de homens. "Eles não queriam figuras sofisticadas da cidade. Queriam jovens interioranos sem prática, que não veriam a experiência com ceticismo e a aceitariam sem contestação", ele diz. "E a campanha foi incrivelmente bem-sucedida com o público-alvo."

Ela é Polarizante?

Big Bangs não são neutros. Eles o obrigam a ter um ponto de vista. Como resultado, não costumam se sair bem nos tradicionais meios de pesquisa qualitativa que almejam o consenso, a exemplo das discussões em grupo. Em uma época em que as mulheres ansiavam emancipar-se, por exemplo, quem teria imaginado que Martha Stewart montaria na grana mimetizando a vida de uma deusa do lar? Como se constatou, porém, milhões de mulheres estavam desesperadas por saber como podiam ter tanto sucesso em casa como no trabalho.

Da mesma forma, se tivéssemos confiado nas discussões em grupo nos casos do pato Aflac e da "Experiência Totalmente Orgânica" do Herbal Essences, eles teriam acabado no cesto do lixo. Ambos geraram respostas que iam desde o "Fabulosamente divertido" até o "Isso é insultante!" Big Bangs com freqüência introduzem novas idéias, até mesmo idéias heterodoxas; como resultado, podem ser inicialmente perturbadores para certos consumidores. Charlie Moss, *chairman* da Moss/Dragoti Advertising em Nova York, afirma que os consumidores que tomam parte de discussões em grupo "podem reagir somente ao que julgam apropriado, eliminando com isso qualquer idéia nova e única, por mais impressionante que seja".

> **Reajuste suas Discussões em Grupo**
> O que importa não é o que dizem os participantes das discussões em grupo, e sim a quantidade de tempo que eles dedicam a um assunto em particular. Por vezes as mulheres em nossos grupos discorrem longamente sobre como detestaram um anúncio, mas não conseguem deixar de falar dele. E é isso o que queremos.

Talvez a utilidade das discussões em grupo seja que elas podem identificar uma idéia polarizante, dotada, portanto, do potencial para se tornar um Big Bang. Claire Geier, uma de nossas planejadoras estratégicas, descobriu recentemente que, quando nossos anúncios do Herbal Essences suscitam respostas negativas nas discussões em grupo, isso não é necessariamente ruim. O que importa é que há também pessoas que simplesmente adoram os anúncios. Muitas vezes são essas idéias iconoclastas que pegam fogo. "A polarização indica paixão e sentimentos intensos", diz Geier. "Naturalmente, alguns sentimentos serão negativos, mas eu ficaria mais preocupada se as respostas carecessem de intensidade emocional". Na Inglaterra, com efeito, as discussões em grupo são utilizadas para isolar as idéias ou produtos que atraiam aquelas poucas pessoas de 'pensamento avançado'. É em tais idéias que eles se concentram para futuros sucessos. Essa polarização é um bom indicador de que sua idéia chamará atenção. A última coisa que você deve querer é uma resposta unânime porém morna. Se todo mundo "meio que gosta" da idéia, ela quase certamente fracassará.

Recentemente tivemos uma idéia para uma campanha que gerou controvérsia dentro da própria equipe do cliente. Ela ainda precisa ser testada, mas é um grande exemplo de uma idéia tão polarizante que se torna impossível ignorá-la.

A Lane Bryant, fabricante de roupas para mulheres de tamanho grande, convidou-nos a tomar parte de uma concorrência. Sabíamos que seria necessário exaltar mulheres que não se ajustavam ao tradicional modelo tamanho 40. Claro que não havia como negar um fato: ser magro sempre estará em alta. Todavia, enquanto conversávamos a respeito, constatamos que a maré está virando. Em vez de nos soterrar com imagens de estrelas anoréxicas, a mídia tem se mostrado disposta a reprisar filmes e programas como *Casamento Grego*, *Less than Perfect* e *Mulher de Verdade Tem Curvas*. De súbito,

> **Ouça o *mas***
>
> Quando estiver avaliando as transcrições de entrevistas feitas durante uma pesquisa de mercado, preste atenção à palavra *mas*. Veja a frase a seguir: "Achei esse comercial besta, mas ele me fez rir". As únicas palavras que importam são as que vêm depois do *mas*.

O QUE GERA UM BANG?

pareceu-nos que havia um espectro muito maior de coisas consideradas belas. Talvez isso seja de certa forma um fenômeno pós-11 de setembro; a consultora de marketing Margaret Marks afirma que o corpo feminino fértil é uma imagem reconfortante após um período de estresse. Antes da Segunda Guerra Mundial tínhamos as mocinhas de ancas lisas dos anos 20 e 30; os pôsteres do pós-guerra incluíam mulheres mais cheias, na linha de Jane Russell, Sophia Loren e Marilyn Monroe.

A CAMPANHA "LANCE O MUNDO EM CURVA", DA LANE BRYANT, CELEBRA A VERDADE NUA — HOJE A MULHER MÉDIA NÃO É UMA PERFEITA TAMANHO 40... É UMA GRANDE E BELA TAMANHO 46.

Enquanto debatíamos idéias, constatamos que a maneira tradicional de promover a Lane Bryant seria mostrar quão fabulosas ficam as mulheres mais cheias em suas roupas. Mas não seria muito mais ousado dizer a essas mulheres que a Lane Bryant as considera fabulosas e atraentes? Melhor ainda: por que não *mostrar* como são bonitas essas mulheres rubenescas? Assim, o diretor de arte Stuart Pittman e a redatora Jill Danenberg criaram uma série de elegantes fotografias em preto-e-branco de mulheres nuas de corpo inteiro, com a chamada *Throw the World a Curve* ("Lance o Mundo em Curva").

Não há muitas chances de que essa campanha encabece a lista de 'melhores momentos da mídia' da Coalizão Cristã. Se ela chegar a ser veiculada, as fotos aparecerão nas janelas das lojas, e pode ter certeza de que muita gente entrará para pedir que sejam removidas. Na verdade, quando mostramos a idéia ao cliente, muita gente do escalão inferior achou que era arriscada demais. Mas no momento em que a CEO Dorrit Bern viu a idéia, exclamou: "Taí o Big Bang". Sim, ele pode perturbar certas pessoas. Sim, é uma loja de roupas e os anúncios não mostram um farrapo de tecido. Sim, a nudez sempre é arriscada. Mas achamos que é justamente ela que dará certo.

Ela Vai Pegar Fogo?

Um dos melhores indicadores de um Big Bang é seu potencial para render boas matérias. Hoje sabemos que muitas corporações têm o maior receio da atenção pública. Mas, como observa Tricia Kenney, nossa diretora de relações públicas, "ou você controla a imprensa, ou ela o controla. Se ela quiser fazer uma matéria, provavelmente a fará com ou sem você, e seu ponto de vista talvez não seja apresentado. Gente que não sabe tanto quanto você sobre sua empresa pode ter a voz mais alta".

A atenção pública é um dos caminhos mais rápidos para um Big Bang. Não importa se as notícias são boas ou ruins. *Simplesmente apareça.* As pessoas esquecem o conteúdo de uma matéria, mas lembram-se do seu nome. Quando não se tem um grande orçamento, a imprensa pode dar um jeito: ela é a ferramenta capaz de manter qualquer grande idéia continuamente na cabeça do público. Tricia aponta os anúncios da Calvin Klein nos anos 80 e 90 como um exemplo. A empresa fazia um uso intensivo de anúncios impressos, mas "sempre que os lançava sabia que haveria uma tremenda exposição nos noticiários e nos programas de entretenimento da televisão". Os executivos da empresa sabiam que os anúncios eram tão polêmicos que "se projetariam no ar".

Ron Shaw, CEO da Pilot Pen, sabe que seu orçamento publicitário precisa ser suplementado por grandes momentos de Relações Públicas (RP). Uma de nossas duplas, Robin Schwarz e Rob Snyder, escreveu recentemente um anúncio para a Pilot Pen, tirando proveito daquela que foi provavelmente a mais lúgubre história de negócios de 2002. O anúncio se abre com um *close-up* das mãos de um homem apagando furiosamente o texto de páginas e páginas e páginas. Enquanto ele se ocupa disso, as imagens são acompanhadas pela "Marcha Fúnebre" de Chopin. No final, uma pressagiosa voz de fundo diz: "O que uma empresa da *Fortune 500* teria feito se soubesse que já não poderia picar seus documentos? A Pilot Pen lança a primeira caneta a gel com tinta delével". Esta chacota com a Enron foi ao ar no *Tonight Show* e ganhou menção aprovadora no *Wall Street Journal* — um verdadeiro triunfo para uma empresa que tem um orçamento publicitário inferior a US$ 10 milhões.

Shaw aproveitou-se de outra oportunidade de RP em uma tarde de sexta-feira, em 1993, quando recebeu um telefonema de sua secretária. Yitzhak Rabin e Yasser Arafat estavam prestes a assinar o Acordo de Paz de Oslo, e os repórteres haviam perguntado ao primeiro-ministro Rabin com que tipo de caneta ele assinaria o tratado. Rabin respondeu: "Sou um homem do povo e levo nos bolsos canetas baratas. A caneta que estiver em meu bolso amanhã é a que usarei para assinar". Shaw estava de folga no dia, mas sua secretária lhe telefonou poucos segundos depois da assinatura do tratado. "As pessoas ficam ligando para dizer que Rabin usou uma Pilot Pen!", ela disse. Shaw correu até a TV e a ligou na CNN. O momento histórico foi reprisado muitas vezes, e não havia dúvidas de que "em um dos *close-ups* era possível ler 'PP' no cano da caneta", recorda Shaw. "Então as engrenagens começaram a girar em minha cabeça. O que poderíamos fazer com isso que não fosse ostentoso nem de mau gosto? Como podemos exaltar o fato de nossa caneta ter sido usada nessa ocasião histórica?"

Era a oportunidade de marketing de toda uma vida. Shaw acabou se decidindo a comprar um anúncio de página inteira em 25 jornais por todo o país. O evento teve lugar em uma sexta-feira, mas ele queria o anúncio nos jornais da segunda. Sua agência foi imediatamente posta para trabalhar na composição do anúncio, mas ele detestou todas as versões. Por acaso seu filho, o diretor comercial Steve Shaw, telefonou-lhe para falar de outro assunto e pensou em uma chamada brilhante: "Há uma linha tênue entre a guerra e a paz. Esta foi traçada com uma Pilot Pen". O pessoal de publicidade de Shaw levou a história à Associated Press, que a aceitou e a divulgou em dezenas de países pelo mundo; e a idéia se tornou um triunfo de RP.

PARAR DE FUMAR FEZ DESTE BRINQUEDO UMA BATATA QUENTE!

O Sr. Cabeça de Batata é outro sucesso que contou com um empurrão das Relações Públicas. Anos antes de *Toy Story* convertê-lo em uma batata quente, a Hasbro publicou uma declaração dizendo que, à luz da publicidade negativa envolvendo o fumo, o Sr. Cabeça de Batata estava quebrando um hábito de décadas e entregando seu cachimbo ao Cirurgião Geral dos Estados Unidos. Na época, artigos contra os cigarros inundavam a mídia, e milhões de pessoas tentavam desesperadamente parar de fumar. Aproveitando-se de uma tendência avassaladora, o Sr. Cabeça de Batata rendeu manchetes na imprensa.

Ainda que você tenha dinheiro para jogar fora, as Relações Públicas fazem uma diferença. Quando o cabelo de Michael Jackson pegou fogo durante a gravação de um comercial da Pepsi, as notícias de modo algum foram positivas. Mas o incidente fez com que a estréia do anúncio se tornasse um dos eventos mais quentes do ano em todo o mundo.

Por fim, RP gera RP. Recentemente a Procter & Gamble mudou totalmente sua política de trato com a imprensa. Eles finalmente perceberam que a cobertura da mídia é uma coisa boa, e estão muito mais abertos para procurá-la. A conclusão é que você tem mais a ganhar se tirar vantagem das Relações Públicas. Assim que começar a aparecer na imprensa, você descobrirá que os repórteres continuarão a procurá-lo. Recebemos ligações o tempo todo porque os colunistas publicitários sabem que daremos alta prioridade a suas matérias. Os repórteres são como todos nós, e não farão mais do que o mínimo esforço necessário para conseguir sua matéria.

Assim que tiver sua idéia Big Bang em mãos, você ainda precisa vendê-la ao consumidor, cliente, chefe ou grupo. E precisa encontrar um meio Big Bang de fazer uma venda Big Bang.

CAPÍTULO

7

O TEATRO DA

Persuasão
Persuasão
Persuasão
Persuasão

Aceitemos o fato. Nós, norte-americanos, temos uma cultura viciada em espetáculos. Seja uma conversa à toa durante a previsão do tempo, ou um tema épico de John Williams introduzindo o noticiário noturno da NBC, não veremos o programa sem algum clima de espetáculo. A ênfase no entretenimento permeia todo aspecto de nossa cultura. Restaurantes como o Hard Rock Cafe capitalizaram sobre o frenesi de Hollywood. As pistas de boliche têm luzes de discoteca resplandecendo sobre os pinos. Até recentemente, não se podia entrar em um táxi em Nova York sem ouvir uma mensagem gravada por uma celebridade lembrando-lhe de pôr o cinto.

Na maioria dos setores, você conquista as pessoas pelo entretenimento. Nenhum público — seja o cliente, o consumidor ou o grupo comercial ou administrativo de sua empresa — prestará atenção somente porque você demonstra alguma coisa à sua frente. O modo de apresentar a informação é o segredo. Você deve servi-la de tal modo que seja impossível ignorá-la. Você deve entreter.

Na primavera passada, por exemplo, a Coca-Cola apresentou ao público sua Coca de baunilha em um momento Norman Rockwell* cuidadosamente orquestrado. Às 10h45 de certa manhã, um caminhão de entregas dirigiu-se para o Vanilla Bean Café da charmosa cidade neo-inglesa de Pomfret, em Connecticut, e uma multidão de crianças (que haviam tido folga na escola) deu a primeira provada no novo refrigerante. Certa vez ouvi Jill Barad, ex-CEO da Mattel, dizer que costumava pedir que seus líderes de departamento cantarolassem os relatórios trimestrais. A Microsoft lançou recentemente seu Tablet PC, com aparições de Amy Tan, Rob Lowe e Stephen Covey. Advogados de defesa são famosos por sua encenação. Paul Thaler, em seu livro *The Spectacle: Media and the Making of the O. J. Simpson Story* (O Espetáculo: a Mídia e a Criação da História de O. J. Simpson), observa que o sensacionalismo foi regularmente empregado para manipular a opinião pública. "Sabendo que estavam sendo vistos pela TV, ambos os lados foram suspeitos de ter prolongado o processo contestando pontos legais independentemente de estes serem ínfimos ou obtusos", escreve Thaler. "O drama, afinal de contas, era o principal."

Em 2001 pedi a Whitney Pillsbury, um talentoso diretor de arte do KTG, que dirigisse um filme sobre nossa empresa. Eu sabia que captar o criativo ambiente Big Bang do KTG nos proporcionaria uma ferramenta altamente descontraída para promover a empresa. Whitney acabou produzindo um filme fantástico, *How to Succeed in Advertising, Without Really Crying* (Como Ter Sucesso na Publicidade sem Ter de Chorar), que foi bem recebido no Director's View Film Festival de 2002 em Norwalk, Connecticut. Janet Maslin, ex-crítica de cinema e atualmente crítica literária do *New York Times*, observou que o filme era "animador e inusitado, encantador e divertido". Ele também ganhou o prêmio DV de 2003 por desempenho destacado na categoria Vídeo Digital, e foi um grande sucesso com clientes em potencial.

Um Big Bang, por definição, é duro de vender. Quando se tem uma idéia de marketing polarizante, é difícil navegar pelo processo decisório típico. Encaremos esse fato: um pato falante para uma companhia de seguros não é, à primeira vista, um tiro na mosca. Como resultado, idéias Big Bangs podem facilmente sair dos trilhos ou ser rejeitadas — especialmente por serem com freqüência vetadas pelo pessoal do baixo escalão, que tende a aceitar o familiar e repelir o arriscado. E a melhor idéia de marketing do mundo nada vale se ninguém a comprar.

---

* Design que mais retratou fielmente o modo de vida americano. (N. do E.)

O TEATRO DA PERSUASÃO

No KTG, vemos toda apresentação de um Big Bang como um show da Broadway. Vemo-la como uma peça de teatro que deve ser preenchida com números e elenco, ensaiada e refinada. Claro que, dependendo do caso, algumas reuniões são mais teatrais que outras. Mas sabemos que nossos clientes podem facilmente distrair-se com coisas mais atraentes ou mais urgentes, por isso nos empenhamos para que se sintam ligados e descontraídos ao mesmo tempo em que são informados. Nossa meta é conseguir para nossa idéia Big Bang os aplausos em pé que ela merece. Chamamos a isso o Teatro da Persuasão. Ele tem início no mesmo momento em que você faz contato com um público em potencial — e o ideal é que nunca se encerre. Eis aqui como apresentamos nossas idéias Big Bangs.

Prepare o Palco

Laura Slutsky, comediante e bem-sucedida diretora de filmes comerciais em Nova York, diz: "O público tem de saber, desde o primeiro momento em que me vê no palco, que sou poderosa, que sou uma vencedora. O mesmo se aplica aos negócios". Você deve considerar toda sua interação com os clientes como se fosse um teatro. Desde o momento em que eles passam pela porta — ou que você passa pela deles —, é seu dever deixá-los confiantes e cheios de expectativas.

A Disney sabe disso melhor que ninguém. Se trabalhar em um de seus parques temáticos, você nunca será somente um funcionário. Será um 'membro do elenco'. Os usuários são 'convidados', a multidão é o 'público', um turno de trabalho é uma 'performance' e um uniforme é um 'figurino'. Do momento em que os funcionários da empresa entram no trabalho até o momento em que saem, eles vivem segundo o credo da Disney.

Isso exige ocasionalmente certa encenação. Nos anos 70, quando a Quad/Graphics, hoje a terceira maior companhia de impressão do país, estava começando, seu proprietário Harry Quadracci ligava as prensas sempre que um cliente em potencial fosse visitá-los. Ele também empilhava seus rolos de papel de tal maneira que o lugar parecia estar abarrotado até o teto de novos pedidos a atender — apesar de ele quase não ter serviço na época.

A descobridora de tendências Faith Popcorn e seu parceiro, Stuart Pittman (o homem que me deu o primeiro emprego *freelance* em publicidade), dupla que há alguns

153

anos abriu uma nova agência publicitária em Nova York chamada BrainReserve, têm uma história similar. Na época, a empresa era pequena o bastante para caber no estúdio de Popcorn no Upper East Side. O aroma do café matinal ainda rondava os ares quando os quatro membros da equipe chegavam para trabalhar. Um dia, a agência recebeu um telefonema da Sally Hansen, empresa de cosméticos em busca de algum auxílio mercadológico. Propuseram fazer uma visita aos escritórios da BrainReserve.

Poucas coisas são menos reconfortantes para um cliente do que ouvir que você não tem escritório. Felizmente, Pittman e Popcorn eram membros do Lotos Club, um clube de arte exclusivo em um magnífico chalé de pedra calcária nas proximidades. Por que não transferir o escritório provisoriamente para lá? Assim, a BrainReserve alugou um andar no Lotos Club por um dia, levando para lá seus arquivos, suas máquinas de escrever e seus telefones. O cliente entrou em um ambiente suntuoso, repleto de antigüidades, quadros impressionistas sem preço e cerca de meia dúzia de atores — amigos talentosos, mas desempregados — fisgados no último minuto para se fingirem de ocupados, operando o equipamento.

"Nosso maior medo", recorda Pittman, "era que alguém pedisse para dar um telefonema, pois todos descobririam que nenhum dos aparelhos estava conectado." A apresentação acabou sendo um sucesso, e o cliente ficou impressionado o bastante para contratar a BrainReserve para um de seus projetos.

Usamos truques similares em nossos primeiros anos, quando tínhamos um quadro de funcionários muito menor. Quando um cliente importante vinha a uma reunião, convocávamos um dia *West Wing* no escritório. Claro que, quando estamos realmente ocupados, costuma haver muito pouca gente por aqui. Todo mundo está nas ruas, gravando comerciais ou fazendo apresentações. Mas os clientes não sabiam disso. Queriam ver movimentação, queriam se sentir no centro do universo, trabalhando com *a* mais quente das agências de publicidade.

Por isso eu ordenava que todos voltassem ao escritório e que ninguém saísse para o almoço. Todos então coreografávamos nossos movimentos como se estivéssemos em um episódio do seriado *West Wing*, com atores caminhando propositalmente em frente da câmera e partindo em várias direções diferentes ao mesmo tempo. Eu dizia ao pessoal: "Quero todos os computadores ligados — não me importa se vocês estiverem olhando seu portfólio de ações". Quando estivesse conduzindo o cliente do átrio para o escritório, eu diria: "Adoraria apresentá-lo a todos, mas estamos tão ocupados!" Haveria gente cruzando o meu caminho e gente olhando para os lados e dizendo: "Olá, sem tempo para conversar!" Então, depois que o cliente saísse, todos voltariam afoitos ao trabalho e o escritório se esvaziaria uma vez mais.

Ensaie até Cair

A maioria das pessoas costuma dar apenas uma revisada na noite anterior à apresentação, mas nossos ensaios são tão exaustivos que fariam o Sindicato dos Atores entrar em greve. Tenho uma insistência quase obsessiva em assegurar que todos os detalhes de uma apresentação sejam calculados. Se a coisa não fluir direito, você não arrancará aquela risada, aquele nó na garganta ou aquelas lágrimas. Tudo depende da sincronia e do material.

Cada observação sua deve fluir logicamente e sem esforço para a observação seguinte. Isso significa arregaçar as mangas e se atolar em minúcias. Quando apresentamos nossa campanha da Blimpie, por exemplo, passei quase uma hora trabalhando com o diretor de arte para definir onde ele devia pendurar os roteiros.

Ajuda seguir o exemplo do mundo dos espetáculos, no qual arrumar as coisas de última hora é um modo de vida. Há muitos anos meu marido, Fred Thaler, um premiado compositor e arranjador de peças para a Broadway e para o cinema, foi diretor musical de *Platinum*, estrelado por Alexis Smith. Antes de chegar à Broadway, o espetáculo foi apresentado em teatros por todo o país, para sentir o terreno e afinar a representação. "Enquanto estávamos na estrada, o diretor se ocupava constantemente em reposicionar cenas, reescrever diálogos e adicionar ou eliminar canções ou danças.

Faça Uso de Baixa Tecnologia

Uma má idéia é ruim, não importa quanto você a enfeite. Às vezes a pirotecnia tecnológica nos permite mascarar idéias medíocres. Mas nunca compensa uma idéia ruim. A tecnologia consome tempo, energia e dinheiro que deviam ser investidos em idéias realmente criativas. Fazer uso de baixa tecnologia o obriga a tratar mais diretamente as idéias de fato. Lembre-se: 21 gigadiscos em poder de processamento não converterão uma idéia mal passada em um Big Bang — nem em um Minibang.

Podia-se estar em Boston uma noite com um papel e, então, tê-lo radicalmente modificado para representá-lo em Philly uma semana depois. Uma mudança coreográfica ou uma nova letra podiam significar que eu teria de reestruturar completamente um arranjo de orquestra. Suamos sobre cada detalhe, mas, quando o espetáculo chegou à Broadway, ganhamos aplausos de pé todas as noites."

Se você só ajuntar as coisas no último minuto, independentemente de quão boas sejam as partes, todos na sala ficarão embaraçados, e o cliente ocupará seu tempo imaginando um jeito de evitá-lo no futuro. Não é um bom modo de subir na carreira. "A falta de ensaio é de longe o erro mais comum que os apresentadores profissionais cometem", diz uma matéria na *Harvard Management Communication Letter* sobre como fazer uma apresentação. "'Na hora eu improviso' são as quatro palavras mais tristes no vocabulário comercial."

Burt Manning, ex-CEO da J. Walter Thompson, contou-me uma história que ilustra perfeitamente esse fato. Quando a J. Walter Thompson foi comprada pelo WPP, hoje o maior grupo de serviços de publicidade e marketing do mundo, vários clientes antigos da Thompson pelo globo concluíram que seria interessante rever suas agências.

Uma delas foi a Ford Motor Company do Brasil. A reunião era importante o bastante para que a Ford enviasse vários executivos de Dearborn até São Paulo. Manning também voou para o Brasil, com a idéia de que poderia ajudar a concertar e ensaiar a apresentação da JWT — uma abrangente exposição do mercado automobilístico brasileiro. Manning, contudo, chegou tarde demais para quaisquer ajustes, tarde demais para ensaiar, tarde demais para fazer qualquer coisa exceto sentar-se na audiência com o cliente e esperar pelo melhor.

Passados 15 minutos da apresentação, Manning soube que tudo estava acabado. Por quê? Não porque o sujeito errado estivesse no centro do palco. O escolhido para comandar o núcleo da apresentação era o homem-chave da área, um brasileiro experiente do ramo de veículos. O único homem, como descobriria Manning, com conhecimentos suficientes para tal apresentação.

O único problema era que a importância da reunião — e a falta de ensaio — o deixaram terrivelmente nervoso. Ele virou as costas para o cliente. Então, em um tom monótono e tão baixo que mal se podia ouvi-lo, passou a ler diretamente dos gráficos — cada palavra, cada número. E havia *milhares* deles. Um dos clientes da Ford solicitou polidamente que ele falasse um pouco mais alto. Isso o deixou ainda mais nervoso.

Se o trabalho da JWT era bom, ninguém na sala tinha como saber. Manning descreveu essas como as duas piores horas que ele jamais passou no ramo publicitário.

Com sua confiança abalada na JWT do Brasil, a Ford transferiu seus negócios. Manning nos disse que um único dia de ensaio intensivo — o que é normal para uma apresentação tão importante — teria feito toda a diferença. A apresentação teria sido abreviada em 30 minutos. O apresentador teria sido treinado, incentivado, posto para ensaiar. E a agência possivelmente teria preservado o cliente.

Um dia antes de apresentar uma idéia Big Bang a seu chefe, seu cliente ou sua equipe de vendas, é importante conseguir que seu pessoal fique em um estado de ligeira agitação. Nada é mais perigoso do que achar que uma apresentação será moleza. A complacência se instaura, as pessoas ficam confiantes demais, o preparo é negligenciado e inevitavelmente a apresentação é um fracasso. Você precisa que todos estejam cheios de adrenalina, totalmente concentrados e em estado de alerta.

O nervosismo, na verdade, é o que permite às pessoas apresentar idéias polarizantes, inovadoras e ocasionalmente excêntricas. Os redatores do KTG Hal Friedman e Robin Schwarz apareceram certa vez com uma idéia hilariante para uma companhia local de gás de cozinha. O projeto se intitulava "Nós lhe damos o maior gás". Somente a adrenalina, recorda Friedman, pôde induzi-lo a "entrar em uma sala de reuniões imensa, tão formal que não era permitido levar copos d'água, e ficar de frente a um grupo de 14 solenes e atentos membros do conselho, impecavelmente vestidos e dispostos em ordem hierárquica, para apresentar uma campanha cheia de piadas sobre gases".

Por fim, nunca confie em que seu equipamento vai funcionar. Já vimos concorrências perdidas por causa de fiascos técnicos: um monitor de TV com defeito que transformou resplandecentes tranças castanhas da Clairol em cabecinhas esverdeadas, um conjunto de alto-falantes ruins que fizeram um sonoro hino parecer um coro de formigas irritadas, e a reunião em que só podíamos acionar os *slides* do PowerPoint de trás para a frente. Imagine encerrar a concorrência por um novo negócio com a "Introdução", e você terá uma idéia de até que ponto uma reunião pode se extraviar.

Por falar nisso, enquanto estiver agrupando as partes de sua apresentação, tente usar pouco o PowerPoint. Claro que ele é útil e até crucial para certas apresentações. Mas é também desumanizador. Ian Parker, em *The New Yorker*, escreveu que o PowerPoint criou um mundo em que as pessoas fazem apresentações umas para as outras, em vez de discutirem o assunto em pauta. O ex-secretário do exército Louis

Caldera queixou-se ao *Wall Street Journal* quanto ao uso abusivo do PowerPoint, afirmando que "as pessoas não nos dão ouvidos, pois passam tempo demais tentando entender *slides* incrivelmente complexos".

Pense da seguinte maneira: cada segundo que seu público passa olhando uma carta demográfica é um segundo a menos para que vejam você — uma pessoa real e viva. Estivemos em apresentações em que o cliente nem chegou a nos ver, com as luzes apagadas e as infinitas telas se alternando. Estivemos em uma nova reunião de negócios há alguns meses em que o possível cliente ficou olhando uma de nossas executivas de atendimento, que, por sua vez, estava hipnotizada por sua apresentação de PowerPoint. Em momento algum ela fez contato visual com o cliente. Adivinhe o resultado da concorrência. Prepare-se para abrir mão daquelas fiéis listas de tópicos e tenha mais 'olho no olho' com seus possíveis parceiros.

Conheça Seu Público

Antes de entrar em uma reunião, lembre-se de fazer seu dever de casa. Você precisa descobrir o máximo possível sobre o cliente, suas idiossincrasias, seus gostos e, especialmente, suas atuais preocupações. Caso contrário, nem mesmo a melhor idéia de marketing do mundo decolará.

Deixe-me lhe dar um exemplo: quando Chris Clouser, em seu tempo de alto executivo na Northwest Airlines, esteve em busca de uma nova agência publicitária, ele se reuniu com uma equipe que lhe apresentaria idéias para uma nova campanha de marketing. A equipe entrou pela porta, ansiosa e confiante, e se pôs a encher a sala de alto-falantes. A Northwest, segundo eles, precisava afirmar-se como uma companhia robusta e poderosa, com vigor e prestígio, muito maior do que sugeriria seu nome regionalista. Assim, todo comercial devia se abrir com um grande rugido, o mais alto troar de decolagem imaginável, para demonstrar a potência da empresa em expansão. Como ilustração da idéia, a equipe apimentou sua apresentação com um rugido em Surround Sound, vindo de todos os alto-falantes.

Clouser soube no mesmo instante que aquela gente não fez seu dever de casa. Se a equipe de criação tivesse dado uma rápida olhada nas matérias sobre a história recente da Northwest, teria descoberto que a empresa vinha enfrentando um comprometedor processo em sua cidade natal de Minneapolis. Por quê? Seus jatos eram

O TEATRO DA PERSUASÃO

> **Esqueça os Pressupostos**
>
> Procure ter à mão uma ficha de todos os presentes na sala, inclusive dos colegas que trabalham em outros escritórios. Uma ex-colega da J. Walter Thompson aprendeu isso da pior maneira. Há anos ela foi incumbida de apresentar uma campanha a uma equipe da Kodak japonesa recém-chegada de Tóquio. Entrou na sala com um minuto de atraso e perdeu as apresentações — um erro crucial. Ela prosseguiu apresentando a campanha inteira a um homem em particular, que sorriu e anuiu com a cabeça durante toda a exposição. Depois da reunião, ela soube que tinha acabado de apresentar a campanha a seu colega, o executivo comercial da J. Walter Thompson de Tóquio. O verdadeiro cliente estivera às suas costas o tempo todo, torcendo o pescoço para ver os painéis. O cliente japonês fora polido demais para adverti-la.

ruidosos demais, e os habitantes queixavam-se de poluição sonora. Um rugido estrondoso era *a última* coisa que a Northwest ia querer levar para a atenção dos consumidores. A agência, não é preciso dizer, não conseguiu o negócio.

Sinto dizer que temos uma história similar em nossos arquivos. Se houvéssemos passado um pouco mais de tempo conhecendo nosso cliente, poderíamos ter evitado a perda de um belo negócio.

E a Vaca Foi Pro Brejo

Um cliente nos pediu certa vez que descobríssemos algum modo de ajudá-lo a anunciar toda uma linha de produtos lácteos especiais. O leite é um insumo básico, o que significa que a maioria das pessoas simplesmente compra o mais barato que encontrar. Essa empresa queria que desenvolvêssemos uma estratégia para convencer os consumidores a pagar mais por artigos de maior valor. Era um pedido simples.

Nós decidimos, contudo, desenvolver uma estratégia que permitisse à empresa comercializar praticamente todos os seus produtos de laticínio, desde leite sem lactose até sorvetes. Somos tão criativos — pensamos — por que não podemos ajudar a empresa a reposicionar toda a sua linha de produtos? Passamos então a trabalhar em uma nova campanha de marketing. Concentramo-nos particularmente na embalagem, que trazia

159

um *design* agradável, porém inócuo. *Isso* não sugere um leite saboroso, dissemos a nós mesmos. Quer saber o que sugere? Vacas. Montes de vacas. O KTG fez uma completa remodelação dos cartuns do leite, substituindo o logotipo pela face calorosa e simpática de uma vaca, que simbolizava o frescor, o sabor do leite tirado na hora — tudo o que você mais quer para que seus filhos mergulhem seus biscoitos.

No dia da reunião entramos na sala e nos sentamos. "Sabemos que vocês só queriam que pensássemos em uma linha de produtos", eu disse ao cliente. "Mas temos uma grande idéia. Achamos que vocês podem rever sua estratégia de marketing para todos os produtos de laticínio que vendem. Para começar, achamos que seus cartuns precisam de um novo design." E, com um floreio, desvelei um quadro em que nossa vaca amiga olhava de frente para o chefe da empresa.

Máááá idéia. O cliente se pôs imediatamente de pé e nos informou, em termos inequívocos, que não admitiria uma vaca em seus produtos de laticínio. Em seguida deixou abruptamente a sala para atender a um 'telefonema'. Foi então que a equipe nos disse, em tom de condolência, que o sujeito havia desenhado ele próprio os cartuns.

Em uma vã tentativa de salvar a apresentação, demos prontamente um passo atrás, reconhecendo que design não era nosso forte e que não tínhamos negócios nesse campo. "Mas sabemos como fazer comerciais", lembro-me de ter dito, "e adoraríamos mostrar o que desenvolvemos". Infelizmente, sem um Plano B nos bolsos (veja o Capítulo 9), tivemos de lhe mostrar os únicos roteiros que tínhamos. Eles traziam, como você já adivinhou, vacas. Mas não somente vacas. Vacas falantes, vacas falantes saindo do metrô, vacas falantes descendo a rua, vacas falantes entrando em casas... Nem preciso dizer que a reunião não acabou com uma sucessão de notas 10. Lição aprendida: faça seu dever de casa.

Faça um Número de Aquecimento

Como um comediante que se aquece para a atração principal, você precisa antes de tudo conquistar a simpatia do público. Como diz a Dra. Ilene Cohen, professora associada de psicologia clínica na Faculdade de Medicina da Universidade de Nova York: "Em terapia, como no marketing, você precisa cativar as pessoas no nível emocional antes que elas se disponham a uma discussão racional ou à troca de informações". Pôr as pessoas em um estado de espírito receptivo é especialmente importante para idéias

Big Bangs. A Dra. se estende sobre esse princípio: "Ao lidar com situações de dissonância cognitiva — ou seja, tentar apresentar uma idéia muito distante das crenças atuais do paciente —, você precisa levá-lo gradualmente aonde deseja, de modo que ele não rejeite totalmente a idéia que você está tentando apresentar. Assim, deve primeiro ganhar sua confiança".

Charlotte Beers, até recentemente subsecretária de Estado de diplomacia e questões públicas pela administração Bush, usou um truque similar há alguns anos, quando era executiva publicitária concorrendo pelos negócios da Sears. A Sears era então uma loja conhecida sobretudo por vender artigos tipicamente masculinos, como ferramentas elétricas e pneus radiais. Quando chegou à reunião, Beers sabia que a maioria dos presentes a desconsideraria de imediato por ser mulher. Ela viu a mesma idéia escrita no rosto de todos os homens da Sears: o que *ela* pode fazer por nós? Beers tinha apenas alguns minutos para dissipar-lhes os temores e convencê-los de que podia dar conta de seus negócios.

Ao iniciar a apresentação, ela sacou uma furadeira elétrica e a colocou sobre a mesa. Expôs suas idéias de marketing desmontando casualmente a furadeira e remontando-a em seguida. Em momento algum falou da ferramenta ou sequer a mencionou. Foi uma jogada audaz, mas transmitiu uma mensagem clara: posso ser uma mulher, mas conheço seus negócios por dentro e por fora. Por isso ouçam.

Ela ganhou o contrato.

Claro, é fundamental manter a todo momento uma boa relação com seu cliente. Jack Cardone e Mike Grieco, uma de nossas duplas de criação, criou a famosa campanha *Work Hard, Fly Right*, da Continental: "Uma porção de companhias aéreas promete estrelas. Que tal conseguir sua bagagem de volta?" e "A primeira regra para criar uma companhia aérea melhor: não se inspire nas outras". Em uma de suas reuniões na Continental — depois que a empresa conquistou seu quinto Prêmio J. D. Power por satisfação dos usuários —, a dupla de criação apresentou um anúncio com as palavras *It's official. We don't suck* ("Agora é oficial: a gente é f..."). Todo mundo na sala morreu de rir. Cardone e Grieco sabiam que o anúncio jamais veria a luz do dia, mas também sabiam que isso confirmaria para o pessoal da Continental que eles conheciam o temperamento da empresa.

Ponha a Casa Abaixo

Quando chega a hora da apresentação de fato, fique atento a toda oportunidade de ganhar aplausos. Como em um número teatral, cada momento tem de ser orquestrado para não deixar um segundo de espaço morto. "Toda apresentação deve ser divertida", diz Maurice Lévy, do Publicis Groupe, "pois a apresentação de uma campanha publicitária é em si uma recompensa para a administração."

O nível de energia deve ser ajustado no máximo logo de início, e manter-se assim por toda a reunião. Se Nathan Lane conseguia apresentar-se oito vezes por semana interpretando Max Bialystock em *Os Produtores*, você certamente pode agüentar uma breve apresentação. Em meus dias remotos, quando integrava a companhia ambulante de *Stop the World — I Want to Get Off* ("Parem o Mundo — Eu Quero Descer"), fiz esse número vezes sem conta. Descobri que o verdadeiro talento dos atores não reside somente no que podem interpretar, mas em sua capacidade de atuar dia vai, dia vem, semana após semana, tornando o número novo e estimulante a cada vez. Você precisa se lembrar, como a maioria dos atores, de que, embora já tenha feito a mesma coisa dezenas de vezes no passado, ela será novidade para seu público.

É útil lembrar a todos os membros de sua equipe que se concentrem constantemente no palestrante, ainda que ele esteja apresentando a mesma ladainha sobre a empresa que todos já ouvem há um ano e meio. Isso soa mesquinho demais? Na próxima vez em que for à ópera, dê uma olhada nos figurantes — nos sujeitos que seguram lanças enquanto o tenor canta sua ária. Eles jamais entoam uma única nota, mas sua atenção no solista é inabalável. Eles ouvem o sujeito cantar 70 vezes por ano, e, todavia, cada trinado parece enchê-los de assombro e embevecimento. Da mesma forma, *você nunca parecerá interessado demais em seu negócio*. Lembre-se: você está no palco e tem um papel a desempenhar. Se parecer hipnotizado, todos na sala acharão que também devem estar.

O que nos traz ao ponto seguinte. Nem todo mundo é um grande apresentador. Há uma razão para que Meryl Streep seja uma estrela e o restante de nós sejamos meras moitas nas peças da terceira série. Robin é persuasiva quando apresenta nossas credenciais, por isso se incumbe dessa parte da apresentação. Denise Larson, nossa planejadora estratégica, é firme e irreverente, e consegue fazer um gráfico demográfico parecer o roteiro de um monólogo de abertura de Jay Leno.

Quando se trata de ganhar um cliente, esqueça esse negócio de justiça. Não importa quem desenvolveu o trabalho, não importa quem ocupa a posição mais alta no projeto: o melhor ator é quem tem de apresentá-lo. Algumas pessoas (e isso pode incluir até você) podem ser solicitadas a manter silêncio durante a reunião. Pode ser difícil para membros da equipe aceitar que não apresentarão seu trabalho, mas você deve ajudá-los a compreender que todos têm a mesma meta em mente: vender a idéia.

Com a interação correta entre os membros de sua equipe, você cria uma química que inspira confiança e torna cada participante mais atraente. Em quase todas as concorrências de que tomamos parte, as pessoas nos procuraram depois para dizer: "Seus funcionários parecem gostar realmente uns dos outros". Com alguns clientes, essa química chegou mesmo a valer o contrato.

Claro que, em qualquer reunião, um cliente pode quebrar o ritmo de seu número, com um longo comentário ou uma piada inesperada. Por vezes essas conversas descontraídas procuram apenas quebrar o gelo. Mas também podem ser um teste para verificar se você tem jogo de cintura e argúcia para pensar por conta própria e desenvolver soluções instantâneas de marketing. Como um espectador inconveniente em teatros de improviso, o cliente pode estar na verdade perguntando: "Você é bom mesmo?" Não dói nada ter a chance de mostrar que parceiro desembaraçado e inteligente você pode ser.

A maioria das reuniões de marketing atinge um ponto de baixa quando você precisa apresentar materiais que todos na sala já conhecem. Isso pode ocorrer quando você faz uma exposição do ambiente competitivo de seu cliente, por exemplo, procurando lhe mostrar que entende de seu negócio. Ou quando precisa apresentar

> **De Olho no Tapete**
>
> Você precisa perceber quando seu tapete vai ser puxado — quando sua idéia ou apresentação não está dando certo. Indícios não-verbais — uma olhada no relógio, um bocejo abafado — podem revelar mais sobre o que um cliente sente de fato do que as coisas que ele diz. Sempre tenha um plano-reserva, um segundo roteiro, para o caso de a reunião sair da rota. E, como Jay Leno, quando uma piada não agradar ao público, admita que pisou na bola e faça uns gracejos para quebrar o silêncio.

informações básicas que sirvam de alicerce para sua idéia Big Bang. Obviamente, para a maioria das pessoas na sala isso não soa muito interessante. Com efeito, este é o momento na maioria das reuniões em que você estará propenso a ver um monte de cabeças inclinadas, o indício mais seguro de que viciados em BlackBerrys estão respondendo a e-mails.

Contudo, se você incluir um certo *show biz* na apresentação, pode se sair bem com essas partes normalmente corriqueiras. Quando participamos da concorrência da Midas, por exemplo, decidimos apresentar um vídeo humorístico em lugar de uma tediosa análise da concorrência. David Mester, um brilhante editor de filmes da Blue Rock Editing Company, de Nova York, criou uma empresa fictícia chamada 'Genericorp', que prometia fazer com que seu produto se misturasse com os demais. Partindo dessa idéia, ele criou um vídeo satirizando os indistinguíveis anúncios correntes de oficinas de automóveis, convertendo um ponto negativo em um divertido vídeo de 60 segundos. O roteiro, acompanhado de clipes de visual cansativo e música batida, era o seguinte:

> A Genericorp orgulhosamente apresenta: Anuncie sua oficina!
>
> Regra nº 1: Mecânicos felizes! Mostre seu mecânico se divertindo — e não meramente trabalhando em carros. Mostre-os trabalhando em carros com uniformes descolados!
>
> Regra nº 2: Muitos números! [mostrando imagem após imagem de preços promocionais] Sim, nada atrai mais o consumidor do que um monte de números! Especialmente os que terminam em 95!
>
> Regra nº 3: Clientes sorridentes! Sim, nada mais franco do que o sorriso amplo e satisfeito que os clientes sempre exibem ao sair da oficina de seu bairro!
>
> Seguindo esse método simples, você pode promover a sua oficina! E lembre-se: se não for Genericorp, não será a mesma coisa!

Foi tão divertido e eficiente que desde então apresentamos um vídeo da Genericorp a praticamente todos os novos clientes. Em vez de simplesmente discursar *ad nauseam* para os clientes sobre a similaridade dos anúncios em sua categoria, deixamos que o vídeo frise esse fato, de modo muito mais drástico, memorável e eficaz.

O TEATRO DA PERSUASÃO

Mesmo a apresentação de estratégias para a marca, que se faz tradicionalmente com *slides* e gráficos e é tão estimulante quanto ver uma pintura secar, pode ser uma oportunidade de encenação. Quando concorremos pelo negócio de barbeadores da Panasonic há alguns anos, por exemplo, sabíamos que nossa plataforma estratégica, *Shaving Sucks* ("Barbear-se É um Saco"), podia soar ofensiva. Embora essa plataforma não fosse nova para a Panasonic, eles haviam passado anos afirmando que seu produto tornava o barbear realmente agradável. Verdade seja dita: o barbeador mais rápido do mundo torna esse ritual irritante menos enfadonho do que as marcas concorrentes, mas o veredicto estava dado: barbear-se é um ó.

Sabíamos que, se não apresentássemos esse viés algo negativo de modo descontraído, o cliente talvez não passasse do primeiro *slide* do PowerPoint. Por isso resolvi apresentar nossa estratégia não em palavras, mas em uma canção.

Pus meu teclado Yamaha de 20 quilos casualmente no colo e, com um coro de oito homens do KTG me acompanhando, cantei nossa declaração de posicionamento, com uma melodia que eu cantarolara na noite anterior.

Shaving sucks, shaving sucks, like a Band-Aid getting stuck
Why does half the human race, tear the hair out of its face?
Shaving sucks, shaving sucks, I would give a million bucks
To have skin like Cleopatra, but what cologne would I use aftah?

[Barbear-se é um saco, é um saco, como um Band-Aid enroscado
Por que metade da raça humana arranca os pêlos da cara?
Barbear-se é um saco, é um saco, eu daria um milhão
Para ter a pele da Cleópatra, mas qual colônia eu ia usar depois?]

Shaving sucks, shaving sucks, it's just dumb genetic luck
I'm so perfect in other manly ways,
I'll put the toilet seat down for ya,
Take the garbage from the foyah,
But please don't make me ever shave!

[Barbear-se é um saco, é um saco, é puro infortúnio genético
Sou um homem tão perfeito em outros sentidos,
Abaixo a tampa da privada para você,
Recolho o lixo da casa,
Mas, por favor, nunca me mande fazer a barba!]

O pessoal da Panasonic se entrosou imediatamente com nosso minimusical. Eles nos disseram mais tarde que a apresentação revelara que tínhamos o talento e a energia necessários para converter nossas idéias em grandes momentos de criação. Nosso desempenho nos pôs no pequeno rol de finalistas, e convenceu a Panasonic a olhar com mais atenção os materiais da campanha proposta. Acabamos levando o contrato.

Finalmente, é crucial, em qualquer apresentação, que você guarde o melhor para o fim. Como em qualquer peça ou filme, assim que você adivinha o final, seu interesse desaparece. Do mesmo modo, você nunca deve revelar sua idéia Big Bang antes do desfecho. Sua meta deve ser preservar o suspense e manter o público na ponta das poltronas, por mais confortáveis que sejam os encostos. Nunca distribuímos livretos de apresentação ou roteiros, nem coisa alguma que distraia o cliente ou lhe permita avançar para o final com antecedência. Queremos que ele *experimente* nossa idéia Big Bang, em vez de ler sobre ela em listas numeradas. Como observa Randi Dorman, diretor da consultoria nova-iorquina de marcas Interbrand: "É preciso conduzi-lo pela mesma jornada que você empreendeu, da análise até a descoberta final".

Quando finalmente desvelar sua idéia brilhante, você pode fazer uma de duas coisas: dizer que é brilhante e criativo, ou *ser* brilhante e criativo. É como na comédia. Posso dizer-lhe que Robin Williams é uma das pessoas mais engraçadas deste mundo, ou contar-lhe a piada sobre o concurso de burca molhada, em sua mais recente sátira pós-Talibã. As piadas são o teste definitivo.

Volte com um Extra

Toda reunião com um cliente em potencial deve ser seguida de um acompanhamento. Você precisa demonstrar o entusiasmo que sente por seus negócios. Como em qualquer apresentação teatral, o número extra será a última impressão, e por isso deve ser planejado para arrasar. A nova versão de *Vendedor de Ilusões*, brilhantemente coreografada por Susan Stroman, encerrava cada apresentação com o elenco inteiro tocando *Seventy-Six Trombones!*, cada um com seu trombone.

Trabalhamos duro para desenvolver extras cativantes. Quando concorremos pelos negócios da Coldwell Banker, a maior corretora imobiliária dos Estados Unidos para residências de alto padrão, sabíamos que teríamos de concorrer com as maiores agências do país: a J. Walter Thompson, a Grey Advertising e a McCann-Erikson WorldWide, para citar apenas algumas. Embora nossa idéia para o comercial incluísse um tanguinho que meu marido, Fred Thaler, compôs, e que eu despudoradamente cantei (e dancei) na reunião, tinha ciência de que precisaríamos de uma canção e de uma dança extras antes que eles tomassem a decisão final na semana seguinte.

Robin teve uma idéia brilhante. A empresa é sediada em Parsippany, Nova Jersey, a apenas 40 minutos de Manhattan, por isso concluímos que todos eram leitores do *New York Times*. Qualquer cabeça oca saberia qual seção um agente imobiliário leria primeiro. Poucos dias depois de nossa reunião final, nossos clientes na Coldwell Banker, que percorriam os anúncios imobiliários do *Times*, depararam subitamente com o seguinte:

UMA NOVA E EXCELENTE MORADIA
A APENAS 50 MINUTOS DO CENTRO DE PARSIPPANY

Fábrica ensolarada de boas idéias, com sabor e estilo incomuns, e mais Big Bangs por seu dinheiro. Embarque em um mundo em que sua imaginação (e seus negócios) podem decolar. Atmosfera calorosa e acolhedora. Localização conveniente no centro. Geladeira bem servida.

Ligue para o Kaplan Thaler Group.
Fale com Linda.

Eles responderam ao anúncio, telefonando-me e confiando-nos seus negócios.

Assim que vender sua idéia Big Bang, você pode sentir que tudo acabou. Missão cumprida. O fato, contudo, é que seu trabalho mais importante ainda está por vir. O que você fez até esse ponto dependerá de como as coisas forem executadas. E tudo se resume aos *detalhes*.

CAPÍTULO

8

AS MINÚCIAS

Ter uma idéia Big Bang dista muito de criar realmente um Big Bang. Uma idéia não é um produto ou campanha de marketing. É simplesmente a *possibilidade* de algo explosivo, um conceito à espera de implementação. A capacidade de ter idéias esplêndidas é inestimável — a ela, afinal de contas, dedicamos os capítulos anteriores —, mas constitui apenas metade do trabalho. Uma idéia Big Bang deve em seguida ser executada com uma atenção impecável e inabalável nos detalhes, para tornar-se assim um Big Bang no mercado.

Todo mundo se curva aos artistas e *designers* cujas marcas características se encontram nos detalhes. A diferença entre um vestido preto Armani e a promoção de 69 dólares da Filene's Basement pode estar só na costura, mas você parecerá uma milionária no primeiro e uma simplória no último. Acreditamos que no marketing não seja diferente. A execução da idéia pode consagrar ou arruinar uma campanha de marketing. Como observaram os CEOs e *best-sellers* Larry Bossidy e Ram Charan em *Execution: The Discipline of Getting Things Done* (A Execução: a Disciplina de Pôr as Coisas em Prática): "A execução deve partir da estratégia e das metas de uma empresa. É o elo perdido entre aspirações e resultados". Líderes que ignoram detalhes estão "construindo casas sem alicerces".

Toda a equipe da alta administração do KTG tem uma salutar obsessão pelos detalhes. Ela decorre de anos de experiência trabalhando com campanhas de sucesso — e algumas sem sucesso. Valorizamos a pessoa que faz a mixagem, por exemplo, tanto quanto a que compõe a canção. Afinal de contas, de que vale um bom comercial se ninguém consegue ouvi-lo? Acreditamos na ética do trabalho em grupo quando nos ocupamos de uma campanha de marketing, e ditamos o tom observando atentamente cada passo do processo. Somente quando todos na empresa estiverem explorando as minúcias é que sua idéia Big Bang não se atravancará nelas.

Eis o que fazemos para garantir que todos os detalhes estejam afinados.

Torne-se um Microadministrador

"Microadministrar um projeto" é cometer um pecado temido, politicamente incorreto, antidelegatório. Universalmente desdenhados por culturas corporativas de Nova York à Nova Zelândia, é crença comum que os microadministradores inibem o pensamento criativo e põem em curto-circuito a responsabilidade dos funcionários. Mais que isso, a sabedoria comum diz que os microadministradores se atolam em todos os ínfimos detalhes que ficariam melhor nas mãos de subalternos, perdendo com isso a visão do quadro geral. *Este é talvez o maior de todos os mitos entre os executivos de marketing.* O fato é que são aqueles ínfimos detalhes que determinarão se você criou realmente um Big Bang que explodirá em seu meio.

A maioria dos altos executivos gosta de ostentar-se como figurões do quadro geral, alardeando a idéia de que a estratégia exige gênio — o gênio deles — e que a execução consiste apenas em fazer o que deve ser feito. Conseqüentemente, a mensagem que comunicam a seus funcionários é que subir degraus equivale a pensar de modo amplo e abrangente, deixando os detalhes para os subalternos. Esse tipo de trabalho rústico não é digno de seu tempo ou perícia. Bem, para dizer logo de uma vez, nós categoricamente discordamos.

Imagine o pintor impressionista George Seurat traçando um esboço de *Tarde de Domingo na Ilha de La Grande Jatte* e deixando que seus alunos o preencham com pontos coloridos. É improvável que a pintura resultante seja uma grande obra de arte.

E, todavia, é essa a idéia dos executivos de marketing de muitíssimas empresas. Como afirmam Bossidy e Charan em *Execution*: "Idealizadores inteligentes e articulados não entendem necessariamente como executar. Muitos não percebem o que deve ser feito para converter uma visão em tarefas específicas".

O Pantene, hoje o xampu mais popular do mundo, deve muito de seu sucesso nos anos 90 ao modo como os comerciais foram gravados. O executivo da P&G Rob Matteucci diz que essa campanha converteu o Pantene em um negócio de 1,6 bilhão de dólares. Os anúncios eram, sobretudo, uma série estupenda de cabelos vistosos filmados de várias maneiras surpreendentes: atados em nós, desatados em frente à câmera, estendidos sobre a parte traseira de um sofá. "O modo como o cabelo aparecia era fundamental", dizia Matteucci. "Creia-me, é uma arte. E se tivéssemos errado um pouquinho que fosse, ela não teria funcionado. A menos que você consiga detalhes de execução como estes, capazes de deslumbrar as pessoas e dar fecho à história, seu Big Bang estará perdido."

A Toys "R" Us decidiu recentemente reviver Geoffrey, a Girafa, como sua criatura porta-voz. Cheryl Berman, diretor-chefe de criação na Leo Burnett USA, responsável por atendê-los, lembra-se de ter mandado ao CEO da Toys "R" Us, John Eyler, imagens dos cabelos, do sorriso e da expressão de Geoffrey. Eyler sabia que muito dependia dessa imagem, diz Berman. A girafa tinha de parecer real e confiável, e todavia ter senso de humor, e Eyler queria garantir que cada detalhe estivesse correto.

Um olho para os detalhes, na verdade, tem sido a marca distintiva de muitíssimos de nossos grandes gênios de marketing. Bill Bernbach, o famoso criador da idéia "Pense Pequeno", da Volkswagen, e da campanha "Mikey" dos cereais da Life, era notório por olhar, digamos, um bloco de textos de três linhas e dizer: "Deixe-o meia linha menor". A. G. Lafley, CEO da Procter & Gamble, sabe que uma marca pode viver ou morrer, dependendo de detalhes aparentemente inconseqüentes. Ele voou recentemente para a Grécia, e lá parou em uma loja de artigos domésticos. A vassoura Swiffer da empresa não vendia bem, e ele queria saber por quê. Após uma breve caminhada pelo corredor, Lafley percebeu a razão: as Swiffers estavam empilhadas em um canto onde ninguém podia vê-las. Após uma breve conversa com o dono da loja, Lafley conseguiu que as vassouras fossem exibidas em pé, onde os clientes não teriam como ignorá-las. Há quem diga que isso é microadministração. Nós dizemos que é grande parte da razão para que as ações da Procter & Gamble tenham saltado de

US$ 57, quando Lafley assumiu o cargo, para os atuais US$ 90. A lição: você nunca é grande demais para pensar pequeno.

Deixe que um Detalhe Acenda o Estopim

Quando microadministra, você desenvolve detalhes capazes de provocar reações no consumidor e atrair atenção. Chamamos de momento definidor aquele em que um elemento simples sobressai e captura a essência de sua idéia de maneira imaginativa. Após um episódio hilariante de *Seinfeld*, por exemplo, em que Jerry e companhia passaram a abreviar suas conversas com a expressão *"yada, yada, yada"*, esta se tornou parte de nosso jargão cultural. Como no caso de outras frases — "Mostre-me o dinheiro", "Francamente, querida, eu não dou a mínima", "Houston, temos um problema"* —, era uma expressão simples que instantaneamente cristalizou o programa. Na mente do consumidor, *"yada, yada, yada"* tornou-se a síntese da marca.

Tais momentos definidores raramente se encontram na idéia ou no plano de marketing originais. Com grande freqüência, o detalhe que chama a atenção do público é desenterrado durante o processo de execução, *depois* que a idéia foi criada e aprovada. Na verdade, esses momentos são muitas vezes meras sugestões casuais durante o processo de produção. Eis um exemplo: em 1986, Tom Bodett, o famoso porta-voz da Motel 6, estava gravando uma sucessão de anúncios de rádio criados pela agência The Richards Group, em Dallas. A equipe de roteiristas havia desenvolvido vários roteiros recheados de humor caseiro, e a voz popular de Bodett era perfeita para anunciar essa cadeia despretensiosa de hotéis. Tudo ia bem, até que um roteiro se encerrou, deixando alguns segundos no fim da fita. Bodett, para preencher a lacuna, rapidamente improvisou: "Deixaremos a luz acesa para você".

Essa frase popularesca resumiu o aconchego da marca e, pode-se acrescentar, fez a Motel 6 aparecer no mapa. Ela se tornou a própria assinatura da empresa. A cadeia cresceu de cerca de 400 hotéis para mais de 800 hoje, e é uma das maiores do país em seu segmento. A campanha conquistou mais de 150 prêmios, incluindo 8 Clios, e inaugurou toda uma carreira para Bodett.

---

* Frases respectivamente de *Jerry Maguire*, *E o Vento Levou* e *Apolo 13*. (N. do T.)

Grandes momentos criativos como esse podem facilmente ser ignorados se as pessoas certas não estiverem por perto para percebê-los. Se não fôssemos obcecados pelo trabalhoso processo de execução, jamais teríamos identificado o momento crucial em que o pato Aflac 'ganhou' sua personalidade. Quando produzimos "Banco no Parque", o primeiro comercial da Aflac, mostrando dois colegas de trabalho na hora do almoço, sabíamos que o pato era uma grande idéia. Já tínhamos resultados de testes suficientes para indicar que o comercial ajudaria a Aflac a se tornar mais conhecida. Então o diretor, Tom Rouston, deu uma sugestão. Se os sujeitos estão comendo sanduíches, ele disse, por que um deles não pode jogar distraidamente uma migalha para o pato? Então, no final, o pato Aflac pode chutar desdenhosamente a migalha de volta.

O CHUTE QUE CRISTALIZOU A PERSONALIDADE OBSTINADA DO PATO AFLAC.

No momento em que ouvimos a idéia, sabíamos que estava ali o momento central da campanha. Naquele instante, com o chute provocador, toda a personalidade do pato se formou, e o fator crítico para alavancar o anúncio se cristalizou: o pato tem uma informação importante que deseja compartilhar, e se enfurece porque ninguém o ouve. Isso o converteu de uma mascote dócil e implume em um crítico inflamado e de atitude. O final arredondou sua personalidade, dando à campanha um toque de humor nervoso. Também se tornou a viga mestra que todos os outros comerciais deveriam comportar: um momento em que o pato resmungue, chute ou grasne em irritada frustração.

Agora, se fôssemos o tipo de empresa que delega a execução dos comerciais aos subalternos, esse desfecho podia nunca ter surgido. Rouston podia ter feito a sugestão, e um funcionário inferior podia facilmente ter rejeitado a idéia, receando desviar-se do roteiro aprovado. No momento, porém, tínhamos ali Tom Amico e Eric David, uma estupenda dupla sênior, que imediatamente percebeu que esse era um detalhe capaz de converter a boa idéia em uma grande idéia. Na verdade, em um Big Bang.

Muitas outras campanhas excelentes de marketing decolaram graças a um detalhe surgido depois de os contratos serem assinados. "Steven", o galã adolescente que convenceu pessoas por todo o país a comprar um Dell, não era bem um astro quando a campanha surgiu, em 2000. Então a Dell transferiu seus negócios para a agência de publicidade DDB/Chicago. O pessoal da DDB decidiu acrescentar uma pequena frase: *Dude, you're getting a Dell* ("Mano, cê tá levando um Dell."). *Bingo!* Aquele momento cristalizou o que a companhia desejava transmitir: a Dell é legal. A frase dizia, em essência, que você não está comprando um computador ultrapassado, está comprando o top de linha, o *hardware* de primeira. Está comprando algo de que seus amigos terão inveja, a escolha do jovem. E a repetição de sons contida em *Dude, you're getting a Dell* faz com que a frase seja fácil de lembrar. *Dude, you're getting a Hewlett-Packard* não teria dado certo.

"Steven" tornou-se uma celebridade, e passou a anunciar uma linha de roupas "Dude" em seu site. A campanha foi uma das mais bem-sucedidas da publicidade, de acordo com a revista *BrandWeek*. Esta é uma das razões para que as vendas da Dell tenham subido 18% no segundo trimestre de 2002, enquanto as do restante do mercado caíram 4%.

Quando Charlie Moss estava na Wells, Rich, Greene, nos anos 70, sua equipe desenvolveu a idéia do "Eu Amo Nova York". Todos a adoraram, pois o *slogan* resumia perfeitamente o sentimento nacional na época: não há mesmo lugar como Nova York — em que pese às greves de lixeiros e a um déficit orçamentário equivalente ao produto nacional bruto de muitas nações pequenas. Era uma campanha que podia ajudar a cidade a sofrer uma reviravolta.

Então Milton Glaser, o famoso *designer* gráfico, concordou em criar alguns cartazes para o estado de Nova York com base na campanha. Ele foi ao escritório da Wells, Rich, Greene com um punhado de cartazes. "Enquanto os cobríamos de Ahs! e Ohs!", conta Mary Wells Lawrence (chefe de Moss na época) em *A Big Life in Advertisement*, "ele tirou do bolso um pedaço de papel e disse: 'Gosto deste aqui, o que vocês acham?'" Ele lhes mostrou esta frase, rabiscada em um pedaço de papel: "I ♥ Nova York".

Naquele momento, a campanha de Moss virou um Big Bang. Trocando-se a palavra por um símbolo, a sentença tornou-se participativa. Em vez de ser entregue de bandeja, ela exigia seu envolvimento; você tinha de se esforçar para interpretá-la. Era a imagem proverbial que vale mais do que mil palavras: aquele coração particular comunica um tipo de amor muito específico, de Dia dos Namorados, de "deixa pra lá", de pura embriaguez. Era tão contagiante, diz Lawrence, que "metade do mundo o copiou, substituindo 'Nova York' pelo nome de seu país, ou cidade, ou marca de hambúrguer".

Aprenda a Procrastinar

Grandes momentos definidores não têm hora marcada. Com efeito, muitas vezes eles vêm à luz no último minuto possível, muito depois de você achar que já terminou. É por isso que advogamos a procrastinação durante o processo de execução, por mais contraditório que pareça. Você sempre deve passar à execução de uma campanha de marketing com a idéia de que algo maior pode explodir. Mesmo que sua idéia original seja fabulosa, cumpre deixar aberta a possibilidade de novos detalhes ou melhorias. Em vez de se comprometer prematuramente, adote uma mentalidade flexível que permita o florescimento de algo melhor. Ao protelar a finalização do projeto, você aumenta as chances de que surja algum detalhe capaz de provocar um Bang.

O diretor de criação Greg Weinschenker e eu estávamos gravando um comercial para o Burger King em meus dias de J. Walter Thompson. Tínhamos escrito um comercial promovendo as novas saladas do Burger King, que eram servidas em uma bandeja ou em um pão com gergelim. A idéia era entrevistar várias pessoas e lhes fazer a pergunta: *Do you want a platter or a pita*? ("Quer na bandeja ou no pão?"). Conseguimos respostas divertidas o bastante para fazer um comercial atraente. Mas insistimos em entrevistar mais gente, a ver se surgia algo melhor. Estávamos prestes a embalar as coisas, quando entrevistamos um sujeito que não tinha a menor idéia do que fosse um pão com gergelim. Quando lhe perguntamos se ele queria *platter* ou *pita*, ele respondeu: "Peter? É um cara legal"*. Eis aí o momento que procurávamos. Esse acabou sendo o detalhe que propalou a campanha na cultura popular. A frase do "Peter" chegou aos teatros cômicos e acabou até mesmo no monólogo de abertura de um programa noturno de entrevistas.

Phil Dusenberry lembrou-nos recentemente da história de gravação de um comercial da Pepsi. Há alguns anos, sua equipe escreveu um anúncio chamado "Câmera de Segurança". Era gravado em e preto-e-branco granuloso, e mostrava um vendedor de Coca-cola reabastecendo o *freezer* de refrigerantes de uma doceria. Depois de terminar, ele enxuga a porta de vidro e percebe o *freezer* vizinho da Pepsi. Olhando furtivamente ao redor, abre a porta e surrupia uma Pepsi. De súbito olha para cima e vê a câmera de segurança gravando cada um de seus movimentos. E a imagem se escurece.

Durante a filmagem, a equipe da BBDO, sob a liderança de Ted Sann, chefe de criação da empresa em Nova York, percebeu que o final carecia de emoção. Ele poderia, na verdade, arruinar todo o anúncio; embora a idéia fosse engraçada, um final moroso diluiria o poder da piada. Então eles desenvolveram outro final: quando o cara da Coca puxa sua Pepsi, todas as latas do freezer saem rolando pelo chão. Esta cachoeira de latas não somente é gravada pela câmera de segurança, como atrai imediatamente a atenção de todos na loja.

O final tinha dois efeitos — fazia rir e continha a essência do comercial: vejam quem está tomando uma Pepsi! Embora a idéia fosse boa desde o princípio, diz Dusenberry, "aquele toque final fazia toda a diferença". O comercial estreou durante o Super Bowl e foi eleito o número um do evento em uma pesquisa do *USA Today*.

Tive uma experiência similar quando era diretora da equipe de criação da J. Walter Thompson. Naomi Norman, roteirista sênior, tinha escrito uma campanha para

---

* Aqui tivemos de manter algumas palavras no original, para que o trocadilho fizesse sentido. *Pita* (pão com gergelim) tem, dependendo da variedade do inglês, a mesma pronúncia que *Peter*. (N. do T.)

a Nestlé Toll House chamada "Por favor, não comam todas as lascas". As imagens mostravam mães e filhos, maridos e esposas divertindo-se à beça no preparo de biscoitos com lascas de chocolate. No processo, porém, não paravam de comer as lasquinhas, até que ficaram meramente com uma fornada de biscoitos puros.

Quando fomos a estúdio gravar a canção dos comerciais, percebemos que o humor do anúncio simplesmente não se refletia nela. A canção, composta por Fred Thaler, era entoada de modo muito atraente, porém previsível, e o vocal parecia tão insípido quanto aqueles biscoitos sem chocolate. Por isso pedimos ao cantor que experimentasse aleatoriamente diferentes estilos vocais, inclusive *country*, *rock* e Broadway. Por capricho, nosso cantor passou subitamente a interpretar a canção em uma retumbante voz operística. Essa interpretação wagneriana em *basso profundo* deixou todo mundo no estúdio simplesmente histérico.

Embora ele tivesse feito isso por zombaria, vi imediatamente como era engraçada a justaposição de uma ária pomposa com um inocente biscoito da Toll House. Essa interpretação operística era o detalhe que podia atrair a atenção das pessoas. Ela transmitia a nota exata de puerilidade eufórica que contagia a todos que surrupiam a última lasquinha de chocolate. Nós embarcamos na idéia. E a campanha se saiu fenomenalmente bem.

Não Deixe que um Detalhe Arruíne o Bang

Como no caso do Big Bang que gerou o universo, se uma minúscula partícula estiver fora do lugar em seu Big Bang mercadológico, você pode acabar com um monte de nada. Não é necessário mais que um passo em falso. Permita-nos contar uma história de alerta em que 125 milhões de dólares simplesmente desapareceram no ar. Em 1999, a Nasa lançou o Orbitador Climático de Marte, uma espaçonave robótica destinada a coletar dados no planeta vermelho. Em 23 de setembro, a nave desapareceu. Teria se autodestruído em resultado de uma falha mecânica? De um erro de projeto? De um meteorito extraviado? Não. Descobriu-se que fora um erro simples. Os cientistas da Nasa haviam presumido que as medidas de um fabricante estavam no sistema métrico. Mas não estavam. Como resultado, a espaçonave saiu do curso e está permanentemente perdida no espaço.

Anos atrás a General Motors cometeu um vexame similar, quando lançou a Chevy Nova no México — um carro de preço acessível que, eles supunham, atrairia famílias por todo o país. Deram ao motor um belo ronronar e cuidaram para que as rodas estivessem bem alinhadas. Mas esqueceram-se de um detalhe. Nem pensaram em verificar o que significa Nova em espanhol. "*No va*" traduz-se grosseiramente por "não vai". A Ford cometeu uma gafe similar quando lançou o Pinto no Brasil; descobriram tarde demais que em português a palavra designa a genitália masculina.

É importante cuidar para que o DNA da marca seja reproduzido precisamente durante todo o comercial, apresentação ou campanha. É como um espelho. Se você o fragmentar em centenas de pedaços, ainda pode recolher um caco e ver seu rosto por inteiro. Por mais que você fatie uma idéia Big Bang, cada momento deve reproduzir a forma inteira da marca, ou tudo irá por água abaixo.

Tendo isso em mente, escrevemos todo um manual de instruções descrevendo a idéia Big Bang por trás da "Experiência Totalmente Orgânica" do Herbal Essences. Quer o comercial seja gravado em nosso escritório em Nova York, quer o seja em Cingapura, o manual assegura que ele conterá o DNA do Herbal. Pense em Sinatra, com seu chapéu característico, sempre inclinado em um certo ângulo. Ele tinha sua exclusiva propaganda ambulante, e nunca se desviou da imagem que criou em todas as décadas em que esteve no topo. Por isso foi considerado por tanto tempo o cantor popular mais característico dos Estados Unidos.

A cada contato com o consumidor, você precisa estar certo de preservar sua mensagem Big Bang, ou pode perder a identidade de sua marca. Veja o que ocorreu com a Gap. Nos anos 80, quando se converteu de uma loja provinciana em São Francisco para um fenômeno internacional, a Gap foi um sinônimo dos clássicos: camisetas brancas de algodão, calças chino e jeans. No entanto, nos anos seguintes ela perdeu seu encanto, tornando-se vanguardista demais e abandonando sua perspectiva de "vestir todo mundo na América". Discursando em uma conferência de varejo da Goldman Sachs no outono de 2001, o CEO Millard Drexler disse: "Mudamos demais e rápido demais, de um modo não consistente com nossa marca". Depois de um 2001 desastroso, quando a receita, que atingira o pico de US$ 1.127.000 em 1999, despencou para o vermelho, Drexler renunciou. As cotações, que tiveram a alta histórica de mais de 50 dólares por ação, caíram para cerca de 10 dólares no inverno de 2001. Hoje a Gap "rejeitou os estilos vanguardistas dos últimos anos, que repeliram seus clientes tradicionais", de acordo com o *Financial Times,* e está tentando reconstruir seu DNA original recorrendo aos clássicos. A Gap perdeu seu encanto não por uma mudança drástica de estratégia que a levasse a vender outras mercadorias, e sim por haver alterado, embora ligeiramente, os detalhes de sua idéia Big Bang original.

Não se pode descuidar de nenhum detalhe. Eric Lax, em *Woody Allen: a Biography*, observa que Allen trabalha com o maior empenho para que cada gesto seu seja puramente Woody. Embora pareça que seus números estão cheios de momentos de improviso, não estão. "Os passos à toa, as sacudidas no fio do microfone, o aparente esquecimento momentâneo de uma fala, a remoção supostamente espontânea dos óculos e a esfrega dos olhos durante uma fala de impacto, tudo faz parte da encenação. Ele sabia perfeitamente onde estava e o que fazia a cada momento". Embora Allen possa ter usado a improvisação para desenvolver seu material, ele praticou e praticou até tudo se tornar uma rotina precisamente coreografada.

Quando produzimos um comercial, nós o repassamos exaustivamente até termos certeza de que todos os momentos estão minuciosamente afinados. Embora nosso pato Aflac pareça ter um vocabulário limitado, o modo como ele diz "Aflac" é tão característico que tivemos de contratar dois atores para dublá-lo: o pato dócil do início dos comerciais tem a voz de Eric David, o diretor de arte que ajudou a criá-lo. Quando o pato agita as penas, ouve-se a voz guinchante do comediante Gilbert Gottfried.

Tom Ford, ex-diretor de equipe de criação da Gucci, é outro executivo que sabe que todos os detalhes contribuem para a identidade da marca. Ford adotou uma importante estratégia ao assumir a chefia de criação — converter a Gucci em uma marca de moda badalada. Como resultado, ele orquestrou muitas mudanças na empresa. Mas também se concentrou nas minúcias de cada momento. Quando a Gucci promovia uma festa de lançamento para uma nova fragrância ou produto, Ford chegava a ponto de traçar uma pequena linha no botão de volume do som. Ele sabe que o baixo deve estar alto o bastante para pulsar através de todos os convidados que entrem pela porta, mas suave o bastante para que não tenham de gritar: *"Será que ela maquiou os olhos?"* Todo momento é orquestrado em um momento Gucci.

Admitindo o fato de que são os detalhes que fazem um Bang, e difundindo essa mensagem por toda a empresa, podem-se evitar equívocos que talvez arruinassem uma idéia Big Bang. Isso não significa que você possa respirar fundo e relaxar. Pelo contrário, é melhor presumir que o desastre ronda em cada canto...

CAPÍTULO

9

PRESUMA O **Pior**

Omedo é algo bom. Ele pode, a bem dizer, ser a mais poderosa força nos negócios. Lembro-me de ter lido há dois anos um artigo no *New York Times* sobre a equipe de empreendedores por trás da Nantucket Nectars. É uma história notável — oito anos depois de vender suco de pêra em um barco, os colegas de faculdade Tom First e Tom Scott dirigiam uma empresa com uma receita de 30 milhões de dólares. O que os moveu a isso? Fama e fortuna, sem dúvida. Mas havia outro ingrediente. Puro medo. "Ainda temos noites sem sono", disse First ao *Times*, "porque ainda receamos perder tudo".

Descobrimos que através de todo processo Big Bang uma dose salutar de pessimismo é o melhor antídoto para a obscuridade. Mesmo que não queira abalar a confiança das pessoas à sua volta, não há meio mais positivo de assegurar um sucesso Big Bang do que enfatizar o lado negativo. Por quê?

O medo fomenta a criatividade. Ironicamente, é a única força intensa o bastante para incentivar as pessoas a correr riscos. Presumir o pior gera ansiedade suficiente para motivar os soldados a apostar em uma idéia polêmica e estranha. Quando estamos concorrendo por algum negócio, sou conhecida por dizer a todos os envolvidos no projeto: "Não temos nada. Não chegamos lá!" Claro que estou neste negócio há tempo suficiente para saber que *chegaremos lá*, mas quero que todos sintam que isso é com eles — e somente com eles. O pânico desalentador que daí resulta leva todos a presumir que, a menos que encontrem um meio de chamar a atenção, estaremos perdidos.

O medo é a arma primordial contra obstáculos de todos os tipos. Quando uma marca está fadada à extinção, por exemplo, os clientes tomam a contramão e arriscam idéias de marketing com potencial para se tornarem Big Bangs. Um caso pertinente: se a marca Herbal Essences estivesse em modesta segurança quando nos pediram que trabalhássemos com ela, o cliente teria preferido ater-se ao testado e comprovado. Do modo como as coisas se deram, nada podia ser mais desolador do que a situação que enfrentamos. Todos os envolvidos no projeto sabiam que precisávamos de um anúncio polarizante para tirar a marca de produtos capilares do Corredor da Morte.

Por fim, o medo é a única coisa que o livra de ser vítima do próprio sucesso. Muitíssimos profissionais de marketing acham que, uma vez que seu primeiro Big Bang tenha explodido, seu serviço estará feito. Acreditamos que o primeiro Bang é somente o ponto de partida. Se você quiser que esse sucesso se torne permanente, nunca durma sobre os louros. No KTG, vivemos em estado de ligeiro terror, convencidos de que todo Bang virará um fiasco. Presumindo o pior, temos a coragem de agir como mostraremos a seguir.

Faça do Problema a Solução

Tradicionalmente, sempre que profissionais de marketing ou publicidade começam a trabalhar com um novo cliente, seu primeiro passo é identificar o principal problema da marca: ninguém consegue se lembrar de seu nome; ela é a desfavorecida; as pessoas a acham muito cara. Em seguida eles tentam resolver o problema mascarando-o ou desviando dele a atenção do consumidor. Em muitos casos, contudo, é melhor fazer o contrário e *destacar* o problema.

A Target, por exemplo, há muito cobiçava um terreno em Manhattan. Seu modelo de varejo dita que eles precisam de um grande prédio de andar único, o que em Nova York é o mesmo que encontrar um táxi quando chove. E, todavia, a empresa tem o perfeito atrativo anti-esnobe que vende feito água entre os antenados nova-iorquinos. O que fizeram então? Desviaram os olhos da ilha de Manhattan para o que havia à sua volta: milhas e milhas de água desocupada! E subitamente tiveram a idéia Big-Bang: construir uma loja em um barco. Foi apenas uma jogada temporária — o barco atracou no Píer 62, em Chelsea, por duas semanas antes do Natal de 2002 —, mas o conceito foi um golpe de gênio mercadológico. Tornou-se notícia da noite para o dia, com praticamente todos os jornais e noticiários da cidade cobrindo a abertura. As pessoas tinham de esperar em fila para entrar. Foi um grande gesto de marketing, e aqueceu os motores para quando a Target encontrar de fato seu espaço em Manhattan.

A própria Manhattan é outro exemplo. Seu problema? É um lugar caro para os negócios. E, todavia, o prefeito de Nova York, Mike Bloomberg — reconhecendo que sem contribuintes corporativos seu emprego ia ficar ainda pior —, enfatizou justamente este ponto em uma conferência econômica na Universidade Rockefeller. Nova York "é um produto top de linha, talvez até um produto de luxo", ele disse aos executivos corporativos presentes. Bloomberg converteu o problema dos custos em um argumento de venda. Por que Nova York é o melhor lugar do mundo para fazer negócios? Porque é cara. Você recebe aquilo pelo qual paga.

Há alguns anos, a carreira de Tony Bennett voltou aos trilhos, simplesmente porque seu filho decidiu capitalizar sobre aquilo que fazia dele um anátema para as gravadoras: ele é o sucesso do passado.

No final da década de 70, a carreira de Bennett ganhou um tom amargo. Perdido em meio à geração hip-hop, ele podia ter se resignado a uma elegante aposentadoria, mas havia uma infortunada marca negra em sua ficha: Bennett estava financeiramente no vermelho. Ao longo dos anos, sua vida badalada o atolou em dívidas terríveis, e o imposto de renda estava em sua cola. Seu filho Danny decidiu assumir as rédeas de sua carreira.

É Bom Sentir-se Mal

Nunca adote uma idéia que não o assuste um pouco. Quando propõe romper todas as regras, você deve estar no limite. No KTG ficamos de olho em mãos suadas, batimentos irregulares e ocasionais surtos de urticária. Cada um desses sintomas pode indicar a emergência de uma colossal idéia Big Bang.

Bennett Jr. decidiu concentrar-se justamente no fato de que seu pai era o último de uma safra. Ele era o único que restava da era dourada do *swing*. O jovem Bennett descobriu uma citação de Bob Guccione Jr. em um jornal local na qual dizia que Tony era "a essência da alma". Bennett Jr. ligou para Guccione e conseguiu que ele publicasse um artigo sobre seu pai na *Spin,* sua célebre revista musical. Pouco tempo depois, Tony Bennett ganhou um espaço no Music Awards da MTV, enquanto seu disco de tributo a Sinatra, *Perfectly Frank*, passou a render ouro. O problema de Tony Bennett tornou-se a solução: ele era de outra época, e por isso a geração mais jovem não se cansava dele.

Muitas empresas transformaram problemas em Big Bang.

O Listerine, por exemplo, sempre foi uma maneira amarga de começar o dia. Mas nos anos 70 a J. Walter Thompson, agência que promovia o produto, conseguiu que as pessoas o gargarejassem fazendo de seu gosto horrível um fator de vendagem. "Estávamos tentando ver se conseguíamos aplacar o crescimento do Scope, que ameaçava tornar-se nacional", lembra-se Bernie Owett, sócia sênior da J. Walter Thompson e responsável pelo cliente. Até aquele ponto, o eufemismo para o gosto do Listerine sempre foi 'forte', segundo Owett. "Em um dado momento, isso deixou de funcionar, e decidimos enfrentar a coisa e declarar que o gosto era ruim." O sabor queimante era uma prova de que Listerine tinha o poder de eliminar mesmo os odores mais ofensivos. O resultado? O lavador bucal sumiu das prateleiras com a famosa linha escrita pelo roteirista Nan Dillon: "O gosto do que você não gosta. Duas vezes por dia". Owett afirma que essa foi provavelmente a mais memorável campanha do Listerine no século.

Anos atrás, o gerente de uma loja do Wal-Mart, na Louisiana, teve um problema com furtos. Ele resolveu posicionar um cicerone na entrada da loja — um simpático senhor de idade que deixava os ladrões nervosos e fazia com que os clientes se sentissem bem-vindos. "Essa experiência estranha mostrou-se eficaz, e acabou se tornando uma prática-padrão na empresa e uma vantagem competitiva do Wal-Mart", dizem Collins e Porras em *Feitas para Durar.* Ela também sumariza a mensagem do Wal-Mart: somos a superloja de estilo caseiro.

Recentemente, quando fomos convidados a uma concorrência da Ruby Tuesday, frisamos um ponto que podia ter sido visto como negativo: embora a cadeia de restaurantes existisse há 30 anos, eles nunca tinham feito nenhum anúncio de verdade. Claro, o que faziam era investir dinheiro nas operações. Esse fato inspirou nossa equipe de criação a desenvolver a campanha "Não foi ainda nosso primeiro comercial bem-feito". O anúncio mostra um porta-voz que desanda em uma ladainha: "Desde 1972, nós, da Ruby Tuesday, tentamos desenvolver um comercial tão bom quanto nossa comida. Até agora não tivemos sorte. Chegamos perto em 86. Porque, para dizer a verdade, queremos que nosso primeiro comercial seja bom, mas bom mesmo, e você vai saber quando nós o tivermos... No momento não temos nem um *slogan*". Nossa equipe converteu os receios do cliente de fazer anúncios em toda uma campanha de marketing. A CEO Sandy Beall adorou a idéia e a comprou.

A MÁ QUALIDADE DOS ANÚNCIOS MOSTRA QUE A ÚNICA COISA QUE A RUBY TUESDAY PREPARA DIREITO É SUA BOA COMIDA.

Mas nenhuma empresa capitalizou sobre seu problema número um como a Apple. A vasta maioria dos usuários de computadores possui PCs, o que faria a maior parte dos concorrentes se descabelar, exaltando as virtudes superiores de seu produto. A Apple, em vez disso, enfatiza sua posição marginal. Tudo começou em janeiro de 1984, quando a IBM era a rainha e a Apple lançou seu famoso comercial, de cujo conceito mercadológico a empresa jamais se desviou: somente uma minoria seleta usa o Mac. Sua famosa campanha "Pense Diferente", com a brilhante chamada *Here's to the crazy ones* ("Aqui para os loucos"), destacava pessoas como Picasso, Einstein e

Maria Callas. O ponto era simples: não deixe que os usuários de PC lhe digam que você é louco ao usar um Mac, pois são os loucos que levam o mundo adiante.

Pense com Pobreza

Quando está tentando desenvolver idéias, pense como um mendigo, não como um rei. O dinheiro muitas vezes mascara a mediocridade. Ele pode tomar qualquer idéia e fantasiá-la em algo grande, ousado e vistoso. E então essas execuções infladas, que nunca deviam ter visto a luz do dia, são acolhidas no mercado. E nada arruína um produto mais rápido do que a badalação mal direcionada. Ela associa a marca à idéia de arrogância e deixa os consumidores desconfiados e receosos de experimentar novamente seu produto.

Como diz Rob Matteucci, da Procter & Gamble: "Você pode despejar dinheiro em publicidade, mas ela tem de ser memorável, provocadora e distinta antes de sobressair em meio à mesmice". Ele tem toda a razão. Já ouviu falar do xampu Physique? Não? Bem, aí está o problema. Apesar dos bolsos profundos da Procter & Gamble, diz Matteucci, muito pouca gente sabe que este produto se encontra disponível na farmácia local. "Não havia nada de Big Bang no plano de lançamento, e não conseguimos impressionar ninguém", ele diz. "Foi preciso muito tempo para que nos recuperássemos."

Enquanto apresentávamos nossa campanha da "Experiência Totalmente Orgânica" ao pessoal da Clairol, meu então colega Douglas Atkin disse ao cliente: "Vocês têm 10 milhões de dólares, e o Pantene tem 80 milhões. Se for para fazer o mesmo que o Pantene, e simplesmente falar de cabelos bonitos e lustrosos, será melhor que assinem um cheque de caridade. Vocês precisam fazer algo radical, ou então nem esquentar a cabeça". De fato, Nancy Crozier, diretora de programas de marketing da The Nature Conservancy, comenta que um Big Bang é a única opção para um orçamento reduzido: "No mundo das empresas sem fins lucrativos, se não causar um Big Bang que acabe influenciando comportamentos e idéias, seu dinheiro será minimizado. Você não tem o luxo das tentativas e erros". Assim, independentemente de seu orçamento, pergunte a si mesmo: o que eu faria se tivesse metade deste dinheiro? A idéia é boa o bastante para sobreviver à escassez de fundos? Ela vai emplacar, ainda que o consumidor só a veja por uma vez, seja na televisão ou nas lojas?

Recentemente, a BMW alcançou grande sucesso com alguns anúncios de motocicletas feitos pela agência nova-iorquina Merkley Newman Harty, apesar do fato de que seu orçamento era mínimo. Até aquele ponto, as motos da BMW só eram compradas por uma ínfima porcentagem de motociclistas. Douglas Atkin, atualmente diretor de planejamento estratégico na agência, lembra-se de que os planejadores envolvidos na BMW descobriram duas coisas: os pilotos de BMWs eram ainda mais arrojados do que os de Harley-Davidsons, e todos concordavam em que a BMW fabricava as melhores motos. No entanto, o marketing da época não dava atenção a um fator importante: o símbolo da BMW trazia à mente os motoristas de *carros* BMW — muito diferentes do motoqueiro barbudo e desgrenhado que roda da extremidade do Alasca até a da Patagônia.

Percebendo que os motoqueiros já sabiam que a moto era boa, a equipe de criação decidiu evitar a sabedoria convencional e concentrar-se quase exclusivamente no usuário. Desenvolveram uma série de imagens granuladas em preto-e-branco de tipos rebeldes a céu aberto, com chamadas como "Ah, se a faixa da esquerda tivesse uma

---

Transpiração/Inspiração

Quando estiver encalhado em uma idéia, saia do escritório na primeira oportunidade e faça algum exercício. Em primeiro lugar, você rompe o ciclo de más idéias que enevoam seus pensamentos. E, como todos sabem, o exercício libera endorfinas no cérebro, gerando uma alta natural que pode levá-lo a um estado mental criativo. Em 1993, meu marido e eu fomos incumbidos de compor uma canção para um vídeo da Cruz Vermelha Americana, cujo objetivo era levantar fundos para prestar assistência a refugiados de Ruanda. Frustrada com minha falta de inspiração, fui à academia clarear a cabeça. Assim que comecei a transpirar minhas preocupações no StairMaster, olhei para cima e vi imagens de uma matéria sobre os refugiados de Ruanda na CNN. As cenas me arrancaram lágrimas. Mas o sujeito no StairMaster ao meu lado, depois de olhar a TV, voltou a sua revista. Sua total falta de empatia me inspirou a idéia de uma canção intitulada "Don't Turn Away" ("Não Vire as Costas"), para a qual Fred compôs uma melodia tocante. Richie Havens interpretou a peça com comovente emoção, e o vídeo ajudou a arrecadar milhões para esses famintos refugiados.

faixa da esquerda!" e "Sim, tenho um cabeleireiro: seu nome é capacete". Os anúncios procuravam chamar a atenção daqueles sujeitos durões de axilas marcadas e hodômetro incansável. E chamaram: a participação de mercado da BMW subiu 30% apenas um ano após o lançamento da campanha.

A BMW podia ter feito o que muitas montadoras de automóveis fazem hoje: pagar os olhos da cara pela permissão de tocar um *hit* do Rolling Stones ou do Led Zeppelin, e gravar quilômetros de rolos de filmagem exibindo veículos velozes e ajeitados. Mas o orçamento modesto obrigou a empresa a empregar uma maneira incomum de transmitir sua mensagem, e ela mais do que compensou.

A campanha de marketing por trás da Altoids é outro exemplo de gênio do orçamento restrito. Quando essas pastilhas 'curiosamente fortes' foram lançadas nos Estados Unidos em 1995, a campanha de marketing, elaborada pela Leo Burnett USA, consistia de murais em prédios e anúncios impressos cuidadosamente direcionados. Não havia comerciais de TV. Os anúncios, sobretudo chamadas de uma linha como *Luckily not available in extra strength* ("Felizmente não vem em sabor extra forte") e *Our mints can beat up your mints* ("Nossas pastilhas podem derrubar as suas"), pegaram instantaneamente. A empresa recorreu a táticas de marketing de 'guerrilha', como projetar um rebocador em um porto de Nova York parecido com uma latinha de Altoids — que acabou se tornando a marca número um de pastilhas refrescantes nas lojas, com uma participação de mercado de cerca de 27% em janeiro de 2000. Os anúncios ganharam muitos prêmios e, de acordo com a *Crain's Chicago Business*, converteram uma "pastilha inglesa de 200 anos" em um "ícone americano".

Apaixone-se pelo Plano B

Com extrema freqüência no processo de criação, roteiristas, diretores ou clientes se apegam ao Plano A. Então surge um obstáculo. A maioria das pessoas range os dentes e diz: "Por Deus, fiz um plano e vou continuar com ele!", ou alguma outra coisa que a editora não nos permitiria imprimir. Em seguida elas procuram um meio de atropelar o problema, às vezes com grandes despesas e freqüentemente com parco sucesso. No entanto, se estiver com receios de que o projeto inteiro desapareça no ar pela manhã, você terá a coragem de abandonar o Plano A. Não somente deixará os obstáculos na poeira, como encontrará muitas vezes algo bem melhor.

PRESUMA O PIOR

Um exemplo: um dia, enquanto Steven Spielberg filmava *Os Caçadores da Arca Perdida*, Harrison Ford estava escalado para uma extenuante cena de duelo. Aconteceu, porém, de Ford aparecer no trabalho com intoxicação alimentar. Ele disse a Spielberg que não teria forças para fazer a cena de luta, e que precisava de uma folga. Desesperado por manter o filme em dia, Spielberg pediu a Ford que ficasse, prometendo que arrumaria um jeito de liberá-lo do estúdio após uma única tomada. Em um momento de desenfreado pânico, Spielberg e Ford desenvolveram um Plano B e deixaram a câmera rodar.

Ford e seu adversário se encararam, e este último sacou subitamente a espada e a brandiu no ar, como se fosse um Errol Flynn turbinado. Com calculada precisão, o inimigo investiu contra Ford. No momento em que ele está prestes a fazer picadinho de nosso herói, Ford, sem a menor gota de suor, saca o revólver e dá cabo do vilão. Essa se tornou uma das cenas mais comentadas do filme. Mas nunca teria chegado ao celulóide se o Plano A houvesse funcionado.

PARA QUE SUA MENSAGEM NÃO AFUNDE, VOCÊ NÃO PRECISA
DE UM SUPERORÇAMENTO.

193

No KTG, preferimos ver os obstáculos como placas de trânsito. Talvez o Plano A não estivesse destinado a dar certo. Talvez uma porta se tenha fechado por alguma razão. Talvez algo melhor esteja logo na esquina. Depois do ataque ao World Trade Center, cancelamos uma gravação do pato Aflac que devia ocorrer em Veneza, para evitar que nossa equipe viajasse internacionalmente em uma época de tamanha incerteza. Ficamos desapontados por não poder usar um roteiro que todos tínhamos adorado. No entanto, em vez de sair em busca de um meio de gravar o anúncio — talvez em Toronto, com um fundo de estilo veneziano? —, renunciamos completamente à idéia de Veneza.

Tom Amico e Eric David puseram logo mãos à obra e criaram um novo roteiro, apresentando Yogi Berra em uma barbearia com o pato Aflac. O anúncio finalizado acabou se tornando um dos mais bem vistos da seguradora, e em 2002 o *Wall Street Journal* incluiu-o entre os dez melhores comerciais de TV do ano. E, de sobra, empregamos um verdadeiro ícone americano em uma época em que nada teria sido mais apropriado.

Há muito aprendi a ter um Plano B nos bolsos sempre que uma apresentação der sinais de ruína. Enquanto trabalhava na Wells, Rich, Greene, escrevi um divertido comercial para o Oil of Olay, baseado em entrevistas com quarentonas fartas até os poros de modelos adolescentes mascateando produtos de que elas mesmas evidentemente não precisavam. Mas não pude mostrar o anúncio à cliente — a P&G —, pois soube que o humor não tinha espaço nessa categoria incrivelmente séria. Pessoalmente, achava que produtos de beleza eram uma eca muito maior do que produtos de saúde e Medicare, mas o que é que eu sabia então? Era nova no ramo. Levamos outro projeto à reunião, mas nada pareceu despertar o entusiasmo dos clientes do Oil of Olay.

Comecei a me dar conta de que perderíamos totalmente o interesse do cliente, e apavorava-me a idéia de que nosso trabalho acabasse em nada. Então decidi, na hora, seguir com o Plano B. Levei meu roteirinho engraçado e dei um jeito de empurrá-lo para o cliente. Os jovens roedores de unhas da Wells começaram a me chutar por sob a mesa.

Quando leram o anúncio, contudo, os clientes imediatamente romperam em gargalhadas. Ele incluía uma comediante quarentona que desabafava com o público: "Se outra modelo de 18 anos me vier com esse creme esquisito, eu caio no grito!". A P&G permitiu que gravássemos o anúncio, a talentosa Leslie Dektor concordou em interpretá-lo, e acabamos fazendo um grande comercial para o Oil of Olay.

Claro, quando abandona o Plano A, isso significa com freqüência que você terá de apaziguar a pessoa que o desenvolveu. O que não é tarefa fácil.

Às Escuras com Stevie

No final dos anos 80, quando o diretor de arte Charlie Gennarelli e eu éramos co-diretores de criação responsáveis pela Kodak, juntamente com o diretor-executivo de atendimento Jerry Gottlieb, recebemos um curioso telefonema. Stevie Wonder queria fazer um comercial para a Kodak, e a empresa estava entusiasmada com a idéia. Trabalhar com celebridades, contudo, é quase sempre tão divertido quanto fazer uma colonoscopia. A preparação arranca tudo de você e, quando não lhe resta mais nada, você leva no traseiro. Mas a idéia de trabalhar com alguém do calibre de Stevie Wonder era certamente estimulante. O único problema era que Stevie queria ser o porta-voz dos *filmes* Kodak. Evidentemente, uma celebridade cega elogiando fotografias coloridas não era o ideal. Precisávamos achar um Plano B.

Assim, nosso trabalho seria nos reunir com Stevie Wonder, que estava em Atlantic City na época, e convencê-lo a ser o porta-voz das baterias Kodak. Mas, quando cheguei ao encontro, ele imediatamente começou a falar de quão feliz se sentia por trabalhar com os filmes Kodak.

"Isso é ótimo, Stevie", eu lhe disse, suando frio por sob a blusa, "mas será difícil conseguir que você fale de cores e nitidez, porque, porque..."

Eu não conseguia proferir as palavras.

"Por que eu não enxergo?", perguntou Stevie, com um risinho.

"Bem, isso mesmo", murmurei.

Com o maior medo de perder seu interesse, além da oportunidade de conseguir o endosso de uma celebridade, observei o mais cautelosamente possível que ele seria um porta-voz mais confiável para as baterias Kodak, já que elas são usadas para equipamentos como toca-fitas e instrumentos eletrônicos.

Ele acabou aceitando fazer um anúncio para as baterias.

Presumindo o pior — que eu podia perder todo o negócio se não persuadisse Stevie Wonder —, consegui reunir a coragem de convencer essa grande celebridade a adotar o Plano B.

Se Não Estiver Quebrado, Conserte Assim Mesmo

O sucesso pode ser paralisante. Assim que tiver uma grande idéia e seu Big Bang sair ricocheteando pelo universo, você pode se sentir tentado a não fazer mais nada. Você sente que descobriu uma boa fórmula, e que então o negócio é continuar assim. Isso pode dar certo em algumas áreas, mas no marketing tal pensamento é o caminho mais rápido para o fracasso. Com muita freqüência as empresas querem pôr idéias no gelo, na crença de que estão preservando o que é sagrado, mantendo a marca inteiriça e virgem, quando na verdade o que estão fazendo é estagnando lentamente a marca ou conceito. O mundo está sempre avançando, nossas vidas mudam a cada matéria da CNN, e não há caminho de volta. Despertamos em um planeta diferente a cada dia de nossas vidas.

No KTG nunca nos sentimos relaxados nem confortáveis com uma grande idéia ou campanha. Mesmo a maior das idéias Big Bangs precisa ser expandida e reinventada. Você deve evoluir continuamente, ou seu consumidor migrará para outras partes. Se uma campanha não mudar, ela se torna como uma pintura a óleo na parede da sala: ninguém mais a vê.

É o sucesso, na verdade, que devia gerar a pressão para continuar evoluindo: agora que você já tem a atenção do consumidor, não a perca. Pergunte a si mesmo: "E se o pior ocorrer amanhã?" Quando a editora britânica Bloomsbury, que lançou o primeiro volume de *Harry Potter*, percebeu o sucesso que tinha em mãos, o CEO Nigel Newton começou imediatamente a planejar a vida pós-Harry, plantando sementes para a futura penetração no mercado dos Estados Unidos. Como disse Martin Nuechtern, presidente global de cuidados com os cabelos da Procter & Gamble, precisamos da capacidade "de entender a idéia essencial por trás de uma grande idéia, e então aplicá-la em outras partes".

O mero ato de criar um Big Bang pode deixar sua marca em estado precário, apesar do sucesso. Por definição, um Big Bang rompe as normas e cria um novo universo. Mas esse universo pode rapidamente abarrotar-se de concorrentes. Assim que criamos a campanha da "Experiência Totalmente Orgânica" do Herbal Essences, pululuram imitadores por toda parte, vendendo seus produtos com promessas de experiências sensuais. Mais importante, um universo que em um instante pareça revolucionário e alheio a paradigmas pode parecer velho e antiquado no instante seguinte. Na verdade, pode-se dizer que, quanto mais atenção você atrai, mais rapidamente sua idéia revolucionária pode se desgastar no mercado. Assim, você precisa violar o próprio universo que criou.

No KTG, apesar de nosso sucesso com a Aflac, sempre tememos que tudo possa acabar amanhã. Cada comercial que fazemos tem de violar o universo criado pelo anterior. O segundo comercial tirou o pato de seu hábitat natural — um parque urbano — e o colocou em uma sauna. Em seguida, empregamos celebridades para dar-lhe destaque. Acabamos permitindo que uma pessoa dissesse a palavra "Aflac". Concluímos há pouco um comercial com o comediante Chevy Chase. Um de nossos últimos anúncios mostra uma decrépita capela matrimonial em Las Vegas, e o pato nem aparece. Em vez de grasnar *"Aflac!"* para transeuntes distraídos, ele está do outro lado da cidade, batendo os pés palmados em um concerto de Wayne Newton. Essa expansão constante é o único meio de manter a campanha surpreendente.

Da mesma forma, a canção da Toys "R" Us foi reescrita em um zilhão de diferentes arranjos — como *rock*, como balada, como jazz. Anos atrás localizamos os atores infantis que atuaram no primeiro comercial de sucesso da Toys "R" Us: nós os vestimos com as mesmas roupas e regravamos todo o comercial, justapondo imagens antigas — do tempo em que eram crianças — com suas imagens de adultos.

Essa evolução forçada é a única maneira de manter uma idéia Big Bang em perpétuo movimento. A história dos M&Ms prova nosso argumento. Todos nos lembramos dos graciosos personagens animados dos anos 60 e 70 que "derretem na boca, mas não nas mãos". Estes personagens-balinhas se tornaram celebridades da noite para o dia e ajudaram a pôr os M&Ms entre os doces mais vendidos. Mas a fabricante dos M&Ms, a Mars, sabe que essa participação de mercado tão duramente conquistada pode derreter mais rapidamente do que uma balinha deixada ao sol. A cada poucos anos, a empresa lança uma inovação, inclusive mini-M&Ms, M&Ms de amêndoa, M&Ms de amendoim na manteiga e cores especiais para o Natal e a Páscoa.

Essa mudança toda compensou: eles estiveram no espaço com astronautas da Nasa e podem citar os presidentes Reagan e Clinton como seus admiradores. Quando a empresa pediu que o público elegesse uma nova cor a ser usada (azul, rosa ou púrpura), quase 10 milhões de votos foram postados (o azul venceu).

Há apenas alguns anos a Mars resgatou suas balinhas animadas. Dessa vez não eram os M&Ms bonitinhos e doces daquela época mais inocente. Percebendo que seus velhos personagens estavam datados, a empresa criou verdadeiras balas do século XXI, cheias de atitude e com irreverentes lemas de regresso. A 'Verde', a primeira balinha 'feminina' dos M&Ms, tendo estreado com a fala "Não derreto por ninguém", discutiu com Dennis Miller, durante uma partida do Super Bowl, sobre a potência sexual dos M&Ms verdes.

O difícil é saber o que você pode mudar — e o que não pode. Há certos fatores perenes nos quais nunca se deve mexer. Sempre usamos um pato pequim para a Aflac. O logotipo clássico da Coca-cola é vermelho e branco — mesmo que seja drasticamente diferente do original. O visto clássico da Burberry nunca desaparecerá — embora figure hoje em pulseiras de relógios, fraldas e chinelos. A Tiffany, embora possa vender-lhe a última criação de Elsa Peretti, sempre a embrulhará em uma caixa azul. De acordo com a especialista em marcas Randi Dorman: "A razão por que as marcas existem é a possibilidade de prometer aos consumidores um tipo específico de experiência. Um certo nível de confiança e familiaridade se desenvolve ao longo de anos. Você não vai querer mudar só pelo bem da mudança, e sim para continuar sendo relevante para seu alvo".

Como exemplo, Dorman menciona a recente remodelação da Crest. A Crest é uma marca antiga e venerada, mas sua velha embalagem com letras vermelhas e azuis estava ultrapassada. Esse visual saudável e farmacêutico era "relevante para o consumidor há 15 ou 20 anos, quando creme dental só tinha a ver com saúde e dentistas", diz Dorman, "mas o consumidor mudou. Produtos de branqueamento começaram a surgir, e a idéia do consumidor é que dentes mais brancos são mais limpos, e portanto mais saudáveis". A Crest recorreu à Interbrand para mudar suas embalagens. "Eles tinham de harmonizar a confiança e o legado da marca com a idéia de que a Crest é inovadora e pode ajudar a transformar seu sorriso", explica Dorman.

O novo *design* da Interbrand manteve o mesmo formato de letras no logo, e não alterou a cor vermelha da letra 'C', que é uma característica sólida da marca. Mas mudaram muitos outros aspectos da embalagem, convertendo o fundo em um rico azul com um fulgor de estrelas. O resultado final "foi um visual totalmente novo, mas que preservava a identidade da Crest", diz Dorman. Depois do lançamento do novo *design*, a Crest, que perdera sua posição de líder para a Colgate, voltou a ser a marca mais vendida.

UMA IDÉIA DE MARKETING PODE VIVER PARA SEMPRE SE DESLUMBRAR CONTINUAMENTE OS CONSUMIDORES COM MENSAGENS ETERNAS.

Talvez a melhor ilustração de como harmonizar a identidade da marca com sua relevância seja a campanha *A Diamond Is Forever* ("Um Diamante É para Sempre"), escrita em 1947 para a Diamond Trading Company (então conhecida como De Beers). Embora a chamada nunca mudasse, os anúncios acompanharam o passar do tempo. Os primeiros mostravam veteranos da Segunda Guerra Mundial voltando para casa e dando anéis de diamante a noivas fiéis. Nos anos 70 e 80, concorrendo contra uma maré crescente de produtos luxuosos, os anúncios apresentaram todo tipo de gente, desde hippies até clientes notórios. Então vieram os comerciais das "Sombras", que nem mostravam gente. Os anúncios eram apenas silhuetas de típicos momentos "diamante', como um pedido de casamento ou uma festa de bodas. A campanha conquistou bilhões para a indústria dos diamantes, e foi eleita uma das dez melhores do século XX pela *Advertising Age*.

Presumir o pior significa que você deve imaginar o copo vazio durante todo o processo Big Bang. Quando o assunto são pessoas, contudo, você deve imaginá-lo sempre pela metade...

CAPÍTULO

10

Crie
UM UNIVERSO FÉRTIL

Muitas vezes relembramos o crescimento explosivo de nossa empresa e tentamos imaginar como seria se alguma das pessoas que estão conosco não tivesse ingressado no KTG. E é algo quase inimaginável. Seria como imaginar o que teria acontecido ao universo se, no Big Bang original, as partículas não houvessem consentido em desempenhar seu papel. Pois cada roteirista, cada *designer* gráfico, cada assistente, cada atendente de nossa empresa foi, em parte, responsável por nos levar adiante em uma velocidade explosiva, por ajudar nosso negócio a fazer Bang! Um indivíduo a menos e teríamos sido outra empresa, provavelmente sem o mesmo sucesso e não tão rica em espírito e alma.

Quando percebe que *todo membro* de sua organização é fundamental e possui a capacidade de contribuir intensamente para o processo de criação, você começa a ver que cada uma das pessoas com quem trabalha tem uma função em levar a empresa para a frente. É seu trabalho descobrir como arranjá-las e utilizá-las de modo condizente com a tarefa em mãos, como um maestro conduzindo uma orquestra. Como as personalidades dos funcionários são tão diversas quanto seus talentos, coreografar esta orquestra é por si só uma forma de arte.

E essa é provavelmente a parte mais importante do processo Big Bang. Criar um universo fértil para seu pessoal é a única maneira de assegurar o futuro sucesso criativo e financeiro. Big Bangs não acontecem, a menos que seus funcionários sejam estimulados continuamente a ter uma mentalidade positiva. No KTG, fazemos isso ignorando vários ditames da tradicional etiqueta de negócios.

Leve Sua Bagagem ao Trabalho

A maioria dos executivos é treinada para traçar uma linha na areia entre o pessoal e o profissional. Não leve seus problemas ao escritório, não leve os negócios muito a sério, e acima de tudo não tenha longas discussões de assuntos particulares no serviço. No entanto, se você pedir às pessoas que deixem sua vida pessoal na entrada, elas não levarão ao trabalho todo o seu lado emocional. Só levarão um verniz polido de si mesmas, sem profundidade nem caráter. Se você pensar nas pessoas como cebolas, cada uma delas enterrada sob camadas e camadas de películas 'socializadas', perceberá que somente descascando as camadas descobrirá algo de significativo e verdadeiro. Por isso evitamos deliberadamente a norma. Incentivamos os funcionários a levar todo o seu ser ao trabalho, com verrugas e tudo. Embora por vezes saibamos mais do que desejaríamos sobre a última fatura do cartão de crédito das pessoas, a maioria delas se sente mais aceita aqui do que nos empregos anteriores. Derrubando a divisória entre a vida pessoal e a profissional, podemos chegar livremente ao núcleo emocional uns dos outros.

Por exemplo, depois do 11 de setembro, todos ficamos abalados, inquietos e deprimidos. O World Trade Center ficava a menos três quilômetros de nosso escritório, e funcionários que deixaram às pressas nossas instalações em Midtown podiam ver as nuvens de fumaça dos edifícios incendiados, e testemunhar seu súbito colapso olhando pela Quinta Avenida. Nas semanas que se seguiram, descobrimos que trabalhar era quase impossível. Com medo de revelar seus sentimentos, as pessoas recorriam à corrente de apocalípticas matérias da CNN que lampejava de seus *laptops*. Finalmente, reuni o pessoal do KTG e anunciei que, durante as sessões de idéias em grupo, seria totalmente aceitável que as pessoas interrompessem a reunião com um relato detalhado de seus pesadelos e ansiedades ou com um salutar jorro de lágrimas. Levando nossos sentimentos pessoais ao local de trabalho, fomos capazes, como grupo, de voltar a criar e de tentar seguir adiante, a exemplo de pessoas por toda a cidade e todo o país.

Seja Manipulador

Por que a modelação de ações ou eventos — a manipulação — recebeu um rótulo tão negativo é algo que nos escapa. Claro, jamais advogaríamos manipular pessoas de modo que as prejudicássemos, ridicularizássemos, ou as afetássemos financeiramente. Mas, quando se influencia um resultado, um funcionário ou uma reunião para chegar a uma conclusão positiva, todos saem ganhando. Na verdade, sem alguma forma de manipulação do mundo à nossa volta, jamais teríamos criado uma fábrica de Big Bangs.

Administradores podem influenciar o ambiente à sua volta simplesmente pelas impressões que deixam em todos com quem trabalham. Como escreve Geshe Michael Roach em seu livro de filosofia budista *The Diamond Cutter* (O Cortador de Diamantes), "as coisas acontecem conosco de pleno acordo com o modo como tratamos as pessoas ao nosso redor". É nossa crença que, se tais impressões forem positivas, elas afetarão positivamente as ações e atitudes de toda a empresa e de todos que se associam a ela. No *best-seller First, Break all the Rules: What the World's Greatest Managers do Differently* (Primeiro Quebre Todas as Regras: o que os Maiores Gerentes do Mundo Fazem de Diferente), os pesquisadores da Gallup, Marcus Buckingham e Curt Coffman, revelaram os resultados de um estudo feito com funcionários da cadeia de lojas de artigos eletrônicos BestBuy: na mais produtiva dessas lojas, quase metade dos funcionários sentia que os administradores os cultivavam e ouviam, criando um

---

Contrate em 60 segundos

Podemos dizer usualmente em 60 segundos de conversa se alguém serve ou não para uma função. No marketing, um diploma da Ivy League impressiona, mas a paixão, o jogo de cintura e a inteligência contam mais. Nunca contratamos ninguém que não entenda imediatamente nossas piadas. Pessoas simpáticas não são apenas divertidas no trabalho: elas tendem a trabalhar melhor em grupo e a ser funcionários melhores.

ambiente onde eles se sentiam valorizados e respeitados. Na loja menos produtiva, somente 11% dos funcionários se sentiam desse modo. Os da loja produtiva eram manipulados pelos chefes? Pode apostar que sim.

Por outro lado, um comentário desrespeitoso ou desavisado pode arruinar relacionamentos que exigiram muito esforço para se cimentarem, obstruindo consideravelmente todo o processo criativo e paralisando o livre fluxo de idéias. Essa 'deflação' tem, além de um efeito psicológico, um efeito fisiológico no desempenho dos funcionários, como observam Jim Loehr e Tony Schwartz em uma recente edição da *Harvard Business Review*. "Assim como emoções positivas liberam a energia que determina o alto desempenho, as emoções negativas — frustração, impaciência, raiva, medo, ressentimento e tristeza — drenam energia. Com o tempo, esses sentimentos podem ser literalmente tóxicos, elevando o ritmo cardíaco e a pressão sangüínea, aumentando a tensão muscular, limitando a visão e por fim mutilando o desempenho."

Por isso trabalhamos duro para causar impressões positivas. Isso significa que o assistente, o CEO e o mensageiro são todos tratados com o mesmo respeito e cortesia. Empenhamo-nos em responder a toda mensagem telefônica e currículo, e praticamente todo fornecedor recebe uma atenciosa ligação de resposta — mesmo se a empresa não ganhar um pedido de produção. Não saberíamos dizer quantas cartas e e-mails de gratidão recebemos como resultado, ou quantas vezes isso acabou nos levando a fechar um novo negócio. O universo do marketing e da publicidade é afinal muito pequeno, e a polidez é um artigo raro — e por isso é lembrada. Mas é o gerente que deve dar o tom: as pessoas farão o que você faz, e não o que você diz.

Claro, não somos a primeira empresa a descobrir que manter um ambiente positivo é uma boa maneira de manipular as pessoas para que produzam da maneira que você deseja. A Container Store, uma firma de armazenamento e organização, é um grande exemplo de empresa que tenta tratar seus funcionários e clientes com cortesia e respeito. A empresa investe muito tempo e energia instruindo os novos funcionários, dando-lhes por volta de 235 horas de treinamento (o padrão do mercado é de aproximadamente 7 horas). Seus vendedores nunca são negligenciados: como disse o co-fundador Garrett Boone em uma recente entrevista à revista *Fast Company*: "A única maneira de entrarmos no mundo dos artigos domésticos e competir com os Wal-Marts da vida é ter um relacionamento muito melhor com nossos vendedores do que esses mercados de massa". O resultado? Em primeiro lugar, a Container Store foi incluída na lista das 100 Melhores Empresas em Que Trabalhar, da revista *Fortune,* por três anos consecutivos. Mais que isso, sua boa-vontade foi recompensada. A empresa vem testemunhando um crescimento anual de 20% ou mais nas vendas pelos últimos sete anos. Isso para nós faz sentido.

Seja uma Pessoa do 'Sim'

Com grande freqüência, no momento em que a pessoa ganha o título de 'executivo' gravado a *laser* em seu cartão de negócios, ela presume que seu trabalho é dizer 'não' com a maior ênfase e recorrência possíveis. Mas a capacidade de dizer somente 'não' é indício de um vocabulário limitadíssimo. O 'não' é a saída do covarde. O 'não' o livra de se comprometer com uma idéia arriscada. O 'não' não esclarece nem instrui. Ele não leva as coisas para a frente. Simplesmente finaliza processos.

Uma palavra muito mais construtiva é 'sim'. Talvez as mulheres sejam mais predispostas a encontrar maneiras de dizer 'sim' em situações em que outros talvez dissessem 'não'. Por quê? Talvez porque tantas dentre nós somos mães e temos de lidar com pirralhos que teimam em usar calções no inverno. As mães sabem que não se pode dizer "Não, você não pode, faz -5°C lá fora!" Tal resposta só agravaria a situação. Em vez disso desconversamos, tentando ao mesmo tempo respeitar os sentimentos da criança: "Sim, que grande idéia! Por que não põe seus calções agora, para quando sairmos você pôr aquele bonito jeans azul? O azul é minha cor favorita, e a sua?"

O 'sim', em nossa experiência, é a melhor maneira de gerar negócios lucrativos. Não sabemos por que não há mais gente percebendo que validar os sentimentos e as opiniões dos outros pode ajudar a abrir as comportas dos relacionamentos colaborativos e do pensamento criativo. Gente demais teme que se disser 'sim' à idéia de um colega, diminuirá o valor do próprio ponto de vista. Mas reconhecer e admitir a boa idéia de alguém não gera uma situação de ganhar ou perder. Muitas vezes o esforço em equipe pode gerar um 'ganhar ou ganhar' para ambos.

Mas e quando a idéia ou sugestão não é viável? Quando um cliente propõe uma idéia que julgo impraticável, costumo responder com um comentário como "Vou anotar isso" ou "Pensarei a respeito e telefonarei". O resultado é o mesmo — a idéia morre em paz momentos depois de surgir —, mas descubro que os egos continuam intatos e cada pessoa se sente respeitada.

> **Estimule com um Gesto**
>
> Em nossas reuniões de *brainstorming*, para estimular a discussão de idéias e coibir os devaneios internos, favorecemos o contato direto com os olhos do falante e uma profusão de gestos e sorrisos aprovadores, mesmo no caso de idéias 'mal passadas'. Chamamos a isso 'estimular por gestos'. O método ajuda a animar o falante, e nos induz a discutir o que pode muito bem se tornar uma campanha Big Bang.

Quando uma equipe de criação aparece com uma idéia que carece de potencial explosivo, poderíamos facilmente lhe dizer que não conseguiu nada e dispensá-la. O resultado seria uma grande dose de insegurança por parte da equipe, que se afligiria, perguntando-se se conseguirá chegar lá, e se tem, antes de tudo, o necessário para tanto. Gera-se um redemoinho de energia negativa que impossibilita o tipo de otimismo e energia capazes de fomentar idéias Big Bangs.

Em lugar disso, dizemos à equipe que ela tem uma idéia explosiva e chamativa em algum lugar de seu íntimo, esperando para ser descoberta. Ela só precisa experimentar novas maneiras de explorar essa energia subconsciente. Isso faz da exploração do Big Bang um processo finito, e não uma busca inacabável e provavelmente fútil.

Ainda assim, acreditamos que buscar um *Little Bang* ou uma idéia 'passável' não é uma opção. Massagear uma 'boa' idéia na esperança de que ela se transforme magicamente em grandiosa quase nunca funciona, e pode impedir que a equipe prossiga na busca e descubra algo de realmente inédito e explosivo. Isso pode privar a todos — o cliente e a equipe de criação — de um Big Bang. Por isso tentamos inspirar nosso pessoal a abrir mão da idéia medíocre e sair em busca de um conceito genuinamente explosivo.

Essa capacidade de se esquivar e usar de subterfúgios pode ser uma tática útil de negociação. Tivemos há alguns anos uma negociação orçamentária com um cliente que desejava gastar algumas centenas de milhares de dólares em uma campanha que exigia um orçamento muito maior para se tornar um Big Bang. Em vez de lhes dizer que o orçamento era irrealisticamente baixo e perguntar-lhes diretamente se podiam investir mais dinheiro — sabendo muito bem que diriam que não —, entabulei com eles uma conversa que foi mais ou menos assim:

Linda: "Qual o orçamento de vocês?"

Cliente: "Seiscentos mil dólares."

"OK. E vocês chegariam até que ponto?"

"Talvez US$ 750 mil."

"E se procurassem um diretor classe A, para apenas um dos anúncios, a que número chegariam?"

"OK, um milhão."

"E, se quisessem fazer todos os anúncios com o diretor classe A, chegariam a até..."

"Bem, talvez US$ 1,2 milhão."

"E, se vocês perdessem o diretor que desejam por causa do salário, qual seria seu teto?"

"O teto seriam US$ 2 milhões."

Claro, eu poderia ter aceitado a palavra deles desde o início e tentado trabalhar com o orçamento menor. Mas acabaria comprometendo o que poderia produzir em seguida. Percebi que a primeira resposta talvez não refletisse precisamente sua verdadeira posição, e sabia que eles receariam se retratar posteriormente na campanha. Por isso esquivei-me e usei de evasivas até chegar a um orçamento mais preciso.

E os comerciais foram espantosos.

Jogue Idéias Fora

"Você pode conseguir qualquer coisa na vida", disse certa vez Harry S. Truman, "desde que não se importe com quem leva o crédito". Uma das coisas mais difíceis para muitos de nós é compartilhar a glória. Sempre que temos uma grande idéia, é tentador reclamar o crédito e esbaldar-se em adulação. Mas no KTG acreditamos que deixar os outros compartilharem a posse de uma idéia aumenta as chances de ela se tornar um Big Bang. "É como um relacionamento", diz Paul Zuckerman. "Nem todo mundo faz o mesmo trabalho, mas juntos realizamos coisas grandes. A mais B mais C são iguais a Q. Isso jamais aconteceria com uma única pessoa. Você precisa de um grupo."

Gente de talento tende a ser competitiva e territorial, mas o único meio de experimentar um sucesso sustentado é o esforço em grupo.

Em *The Evolution of Cooperation*, o cientista político Robert Axelrod utilizou modelos matemáticos para explicar as ações humanas. Ele empregou programas de computador que rodavam uma versão do Dilema do Prisioneiro, um clássico exercício das ciências sociais em que dois prisioneiros estão sendo interrogados separadamente. Se o prisioneiro A delatar o outro, ganhará a liberdade, e o prisioneiro B ficará na cadeia por uma década — e vice-versa. Se ambos fecharem o bico, contudo, só ficarão um ano na cadeia. O programa mais 'cooperativo' venceu o jogo, levando Axelrod a postular que a cooperação gera uma estabilidade de longo prazo. Recentemente, pesquisadores da Emory University, em Atlanta, usando uma versão do Dilema do Prisioneiro, descobriram que cooperar com os outros gera efetivamente uma disposição física similar à gerada por imagens de rostos bonitos, dinheiro e sobremesas. (Salvo que na última vez em que vi uma fatia de bolo de chocolate, eu não a partilharia com ninguém neste mundo.)

Quando surge uma grande idéia no KTG, todos na empresa sentem que a nutriram e ajudaram a chocá-la. Com efeito, uma das razões para que tenhamos tanta gente trabalhando em cada projeto é o fato de que todos colherão os benefícios do sucesso. Isso gera uma 'alta' rejubilante, que o grupo como um todo deseja experimentar de novo e de novo.

Gordon Bethune, *chairman* e CEO da Continental Airlines, segue uma filosofia similar. Em vez de simplesmente oferecer elogios e um proverbial tapinha nas costas a seus empregados, ele põe o dinheiro no lugar da lábia. Nos anos 90, a companhia era

> **Contrate Gente que Faz**
>
> Marqueteiros demais passam um tempo infinito preparando *slides*, elaborando gráficos com barras coloridas e regurgitando análises de dados em vez de resolver problemas. É como tentar consertar um rádio teorizando dias a fio sobre a razão por que ele não funciona, quando se pode simplesmente abri-lo e constatar que ele requer pilhas novas. É por isso que contratamos gente que faz em vez de teóricos, trabalhadores em vez de supervisores. Gente que faz *faz*, gente que fala de fazer geralmente *não faz*.

notória pelo mau cumprimento de horários. Bethune decidiu autorizar a empresa a dar a todo funcionário abaixo do nível de diretor cem dólares todos os meses em que a empresa obtivesse o primeiro lugar na classificação de pontualidade do Departamento de Transportes. Ele daria 65 dólares sempre que a viação estivesse em segundo ou terceiro lugar. "Passamos rapidamente da décima companhia mais pontual para a primeira", diz a chefe de marketing de Bethune, Bonnie Reitz. "Nos últimos cinco anos, fomos a companhia número um em pontualidade, e ponto."

Os gerentes da cadeia internacional de restaurantes Ruby Tuesday são convidados várias vezes por ano a uma viagem com todas as despesas pagas ao Ruby Tuesday's Lodge, uma luxuosa hospedaria de quatro estrelas, segundo informa a CEO Sandy Beall. "Isso é algo sem exemplo em nosso ramo", ela diz, "mas mantém os bons funcionários suficientemente animados e eufóricos com seu emprego para que não o abandonem. E, a menos que tenha as pessoas certas no lugar certo", Beall continua, "você sempre será de segunda categoria". Beall claramente não tem pesar de conceder aos funcionários todo o crédito pelo inacreditável sucesso de sua cadeia.

Os grandes administradores nunca têm. Com efeito, em nossos muitos encontros com CEOs de empresas de grande sucesso, notamos um traço comum: a palavra 'eu' parece ausente de seu vocabulário.

Aja Como se Sua Vida Estivesse em Jogo

Há 23 anos, sem nada além de um currículo fraco e um punhado de anúncios remendados, fiz uma série de telefonemas frios a todos os profissionais de publicidade que consegui descobrir entre meus amigos e conhecidos. Muito poucos se deram o trabalho de ligar-me em resposta. Mas um dos que ligaram foi Bernie Owett, na época ex-diretor-executivo de criação e sócio sênior da J. Walter Thompson. Apesar de eu não ter a menor experiência publicitária, ele me disse que ficaria feliz em me ver. Fiquei arrebatada. Três semanas depois cheguei a um prédio de escritórios da Lexington Avenue e fui recebida por Owett, que me conduziu a seu espaçoso escritório revestido de *tweed* no décimo segundo andar. Mostrei a Owett o magro livro de imagens que o diretor de criação Manning Rubin, parceiro de negócios de meu pai, me havia ajudado a montar. Ele continha uma cançãozinha para o Cracker Jack, um monte de maus anúncios de xampu e uma idéia para 'furinhos' no Dunkin' Donuts, invenção minha que — céus! — era muito avançada para a época (os "Munchkins" não surgiram senão muito depois).

Eu estava nervosa como o diabo, e não somente porque meu conhecimento de marketing caberia em um caneco. *Eu não tinha a menor idéia de onde estava!* Em meu entusiasmo por ser convocada a uma entrevista, eu tinha anotado o nome de Bernie, seu título e o endereço de seu escritório, mas esquecera-me de anotar o nome da agência publicitária em que ele trabalhava. Vasculhei freneticamente os zilhões de prêmios que adornavam seu escritório, esperando que algum contivesse o nome de sua empresa. Mas sem sucesso. Ainda assim, passei aos tropeços pelo processo de entrevista; devo ter dito algo de espirituoso ou notável, pois só me lembro em seguida de vê-lo ao telefone recomendando-me para o cargo de redatora júnior.

A impressão que Bernie Owett me causou naquele dia sugeriu-me o modo como hoje fazemos negócios no KTG. Passei a trabalhar para Owett, e nunca o vi irritar-se nem levantar a voz. Ele era sempre um perfeito cavalheiro, ilustrando para mim a importância de agir decentemente e fazer a coisa certa. Tentei levar comigo essa ética durante mais de 25 anos.

Você nunca sabe quando as impressões que causa nos outros descreverão um círculo completo. Há um ano, do nada, recebi uma ligação de uma mulher chamada Joanne Miserandino, que trabalhava em uma de nossas agências irmãs no além-mar. Ela mencionou que estaria nos Estados Unidos na semana seguinte e que adoraria nos encontrar. Achei que tencionava firmar contato com outras agências nova-iorquinas da Publicis, nossa empresa detentora comum. Embora estivéssemos em meio a várias concorrências, concordamos em encontrá-la e oferecer a assistência necessária. Quando finalmente nos vimos, ela me pareceu familiar, embora não recordasse exatamente de onde a conhecia.

Mal sabia eu que essa conversa nos levaria a conquistar um de nossos maiores clientes.

Acontecia que Miserandino era a diretora administrativa responsável por atender às divisões Dawn e Swiffer da Procter & Gamble, e a empresa vinha buscando uma agência da rede Publicis com que se associar em Nova York. Como ela dispunha de várias opções, fiquei lisonjeada, e, todavia, surpresa que recomendasse o KTG. Afinal de contas, tendo vivido na Europa pelos 20 anos anteriores, como podia saber de nosso trabalho e recursos? Incapaz de conter por mais tempo minha curiosidade, indaguei: "É maravilhoso que você tenha me ligado, mas ainda me pergunto: por que nós?"

Ela sorriu e disse: "Há 22 anos, eu era uma jovem executiva de atendimento na divisão que servia à Kodak, e você era diretora de criação. Embora eu fosse a funcionária mais baixa na cadeia alimentar, você sempre me tratou com respeito. Nunca me esqueci disso. E é por isso que espero trazer o negócio para cá". Como resultado, ela nos recomendou a seu cliente e a seus chefes, e acabamos tendo dois novos e consideráveis clientes, que logo seriam receptáculos de campanhas Big Bangs.

Nem Todo Mundo Quer um Bang por Seu Dinheiro

Por mais que tente, ou por mais braços que torça, você não terá um plano de marketing ou publicidade realmente explosivo se seu cliente ou chefe não o desejar. Isso parece óbvio, mas muitas vezes nossos egos não conseguem admitir o fato de que nenhum de nós voa sozinho. No fim das contas, é normalmente o dinheiro dos outros que se investe, e são necessários dois para causar um Bang.

Claro, com todos os nossos sucessos ao longo dos anos, é sempre difícil aceitar o fato de que certas firmas se retraem diante de uma idéia Big Bang. Há empresas com excessivos receios de se projetar no que é visto muitas vezes como território arriscado. No ano passado participamos de uma concorrência de uma companhia financeira que tinha uma presença de mercado praticamente invisível, e, todavia, uma lista de clientes que incluía mais de 80% das empresas da *Fortune 1000* nos Estados Unidos. Esse fato assombroso nos estimulou a propor um comercial irreverente, que substituía todas as marcas na tela — fossem de carros, de cervejas ou de mochilas — pela deles. A campanha "O Nome por trás do Nome" salientava precisamente o fato de que, embora tivessem pouca notoriedade, eles eram parte da perícia financeira por trás do sucesso de tantas marcas icônicas.

Mas, embora o CEO se divertisse com a campanha, não sentia que sua empresa merecesse o estrondo que ela prometia. *O quê?* Alguém consegue ser tímido neste mercado atulhado? Imagine se o CEO da Intel tivesse dito, ao ver a campanha "Intel inside": "Somos apenas um *hardware* em um computador. Não somos tão importantes!" Se você não for seu advogado mais ferrenho, quem é que será?

E, contudo, existe uma arte para saber quando a persuasão cortês se torna coerção. Normalmente somos muito boas em dar um passo atrás e dizer: "OK, quem sabe da próxima vez?" Mas tivemos uma experiência em que nos negamos a ler os indícios e confiar em nossa intuição feminina.

Robin e eu saíramos voando para encontrar os representantes de uma empresa cujos negócios estávamos morrendo por obter. Tínhamos ouvido falar que esse cliente era um tanto conservador, mas estávamos certas de que, quando vissem o que tínhamos, eles nos dariam o contrato. Mas soubemos estar em apuros quando exibimos o vídeo de nossa empresa e não ouvimos o menor suspiro ou riso. Em seguida, lançamo-nos de cabeça em nossa filosofia Big Bang. Mas era como falar para uma pintura a óleo — todos estavam imóveis. Robin e eu continuamos nos esforçando, tentando fazer com que o cliente entendesse quanto um Big Bang poderia ajudar a empresa. Continuamos a nos afundar mais e mais a cada estudo de caso que mostrávamos no PowerPoint. Por fim, após o que pareceu uma eternidade de silêncio, nosso cliente em potencial dignou-se nos dirigir a palavra: "Sabem, trabalhei em uma variedade de empresas, e produtos capilares ou seguros talvez sejam coisas complicadas; mas posso afirmar-lhes que o ramo de mobília personalizada é algo em que você pode trabalhar por anos e anos, sem nunca compreender realmente".

"É mesmo?", Robin sentiu-se tentada a replicar. "Não acho que seja tão difícil. Vocês vendem armários. A maioria das pessoas sabe como usá-los. Você abre a porta, põe pratos dentro e em seguida a fecha!" Não preciso dizer que não conseguimos o negócio.

Passado o momento, ficamos aliviadas. Nossa filosofia e nosso método de trabalho não são para todo o mundo, e nem todos estão dispostos a dar o salto necessário para criar uma inovadora campanha Big Bang.

Faça Disso uma Questão Pessoal

Um subproduto realmente esplêndido de se trabalhar em uma empresa concentrada em criar Big Bangs é que essa mentalidade acaba contagiando sua vida pessoal. E por vezes de maneiras das mais inesperadas.

Há 13 anos recebi o diagnóstico de câncer de mama, e, embora acabasse sabendo que minha doença era vista como 'curada', meu cirurgião me aconselhou a não ter filhos. Negando-me a aceitar um 'não' como resposta, decidi, após muitas tentativas frustradas de gravidez, marcar uma consulta com o Dr. Larry Norton, um dos maiores oncologistas mundiais na área de câncer de mama, para pedir-lhe conselhos.

Depois do exame, sentei-me no consultório do Dr. Norton, no Memorial Sloane-Kettering Cancer Center, e esperei o veredicto. Ele me disse: "Você está curada. Vá em frente e engravide". Mal podendo conter minha alegria, eu disse: "Como posso agradecê-lo?" Ele respondeu calorosamente, com o sorriso de alguém não habituado a dar boas notícias: "Mande-me uma foto do bebê".

Depois de dois anos de tentativas, consegui engravidar, e acabei tendo um lindo filhinho, Michael. Três anos depois, fomos agraciados com nossa adorável filha Emily. Quis enviar ao Dr. Norton uma foto de cada um, mas contive-me, sabendo em minhas entranhas que algum dia encontraria um meio de exprimir minha gratidão. Seis anos mais tarde, finalmente tive a chance de apresentar um agradecimento Big Bang.

Fui convidada a um café da manhã em honra do Dr. Norton, patrocinado pelo Círculo Executivo de Mulheres das United Jewish Communities (Comunidades Judaicas Unidas). Durante o evento mal pude conter minha animação. Depois de uma inspirada palestra, o Dr. Norton abriu espaço para perguntas. Determinada a ser a primeira a falar, agitei a mão e me pus em pé.

"Dr. Norton", eu disse, "duvido que o senhor se lembre de mim. Mas há dez anos recebi o diagnóstico de câncer de mama, e depois da cirurgia, apesar do conselho do cirurgião, o senhor me disse que eu poderia engravidar com segurança. Seu conselho na época significou para mim mais do que tudo no mundo. Perguntei se havia alguma maneira de agradecê-lo. O senhor me disse: 'Mande-me uma foto do bebê'".

Com um tênue brilho de reconhecimento nos olhos, o Dr. Norton replicou: "Então me mostre a foto!"

"Não tenho só uma foto, tenho duas!", eu lhe disse. "Nossa filha Emily tem hoje 6 anos, e nosso filho Michael tem 9. Michael começou a jogar xadrez aos 4 anos, e passado somente um ano ganhou o Campeonato Americano de Xadrez do Jardim da Infância. Ele é hoje um dos maiores enxadristas mirins do mundo; acaba de voltar da Espanha, onde tomou parte em torneios mundiais de xadrez juvenil. Há alguns anos um livro foi escrito sobre as suas façanhas. Antes que Michael fosse à escola hoje cedo, eu lhe falei a seu respeito, e mencionei a diferença que o senhor fez em nossas vidas. Assim, Michael achou que o senhor podia ficar com uma cópia do livro, que ele autografou especialmente."

O silêncio tomou conta da sala. O Dr. Norton, com um nó na garganta, disse: "Este é um dos maiores presentes que já recebi. É por isso que faço o que faço". A sala rompeu em aplausos, e eu mal pude retomar o fôlego. Eu esperara anos para agradecer a esse homem. Agora a memória desse evento durará por toda a vida.

Então, subitamente, em meio ao mar de lágrimas e sorrisos que inundava o grupo, uma mulher a meu lado se inclinou e sussurrou: "Este *sim* é um momento Kodak!"

ESTE LIVRO TERIA
SIDO MAIOR, MAS NÃO QUERÍAMOS
ENTRAR NO

CAPÍTULO 11

ESTAMOS CERTAS DE QUE VOCÊ COMPREENDERÁ.

ÍNDICE REMISSIVO

11 de setembro, atentados de, 6-7, 71, 76, 143, 194, 204-5
3M, 80

administração de projetos, 172-74
Alka-Seltzer, 133, 135
Altoids, 192-193
ambiente no escritório. *Veja em* fatores corporativos
Appele, 138, 189
apresentações
    aquecimento, 160-62
    conheça seu público, 158-60
    ensaios, 155-58, 181
    entretenimento, 151-53, 162
    extras, 166-67
    imagem corporativa, 153-55, 167, 180-81
    pessoal envolvido na, 83-84
    plano reserva, 163
    ponha a casa abaixo, 162-67
    receptividade a, 114
    relação com, 71-72
    tecnologia em, 155, 157-59, 210
aspectos financeiros, 6, 189-92, 208-9
AT&T, 36, 124
atenção pública, 144-47

Barbie, 11
Barnes & Noble, 6, 39
Bell Atlantic, 86-87, 135
BestBuy, 205-6
    Big Bang
    após o sucesso, 195-200
    características
        elegantemente simples, 131-39
        estatuto de ícone. *Veja* ícones
        ilógico, 8-11, 75
        impacto definitivo, 10-13
        inovadoras, 6-8, 30-31, 192
        polarizante, 12-13, 141-44
        sempre expansivo, 15
    hesitação dos clientes com relação a, 213-15
    boa cobertura da imprensa, 144-47
    o problema é a solução, 186-90
    pesquisas, 129-31
Blimpie, 87-91
BMW, 192
Bristol-Myers Squibb, 50, 59, 106, 123. *Veja também* Clairol
Budweiser, 114-15
Burger King, 6, 71, 177-78
burocracia, 55-56, 63-66

campanha Aflac, 12, 15-25, 175-176, 181, 194, 197
campanha pela alfabetização, 135-37
Campbell Soup Co., 90, 105
canções (jingles), 116-17, 167, 179, 197
caos
    Blimpie, 87-91
    como abraçar o, 75-77, 79-80, 95
    e criatividade, 25, 80-81, 93-96
    idéias em locais improváveis, 85-87, 89-90, 93
    na French's, 90-94
    nicho dos funcionários no, 83-85
    pára de ser tão educado, 79-83
    Parmalat, 77-79
    princípio borboleta, 85, 87, 89-90
celebridades, 7, 35-36, 102, 105-6, 122-125, 152, 193-97. *Veja também* presidentes
Clairol, 90, 105, 123-24, 140-41. *Veja também* Herbal Essences
Clinton, campanha presidencial de Bill, 120, 121, 132, 198
Coca-Cola, 152, 198
Coelho Energizer, 15
Coldwell Banker Real Estate Corp., 72, 166-67
comunicação
    com respeito, 211-213
    destilação de idéias, 111, 174
    fatores de gênero, 103-5, 106-8, 206-7
    habilidade de ouvir, 93-94, 111
    não-verbal, 103-105, 106-8, 131, 163-64
Comunidades Judaicas Unidas, 37, 215
confiança, 109, 161, 198
Container Store, 206-7
Continental Airlines, 67-68, 118, 119, 132, 161, 210-11
Corpo de Fuzileiros Navais Americanos, 140-41
Crest, 198
criança interior, 113-14
criatividade
    bioquímica da, 114, 190

brainstorming, 68, 93, 208
contínua, 195-00
e caos, 25, 78-79, 95-96
e prazos, 46-47, 65-72, 77
e responsabilidade, 64, 95, 186
em ambientes exíguos, 58-59, 60-61
    eventos atuais, 55-56, 107, 145
    experiência pessoal, 77-80, 114-15, 126, 204-5
    o problema é a solução, 186-90
    locais improváveis, 85-87, 89, 93-94
fontes de idéias
idéias mal passadas, 81-83, 155, 207
improvisação, 70-71, 92-4
instintos. *Veja* emoção; intuição
mente aberta, 17-20, 30, 31-33, 92, 177-80, 196-97
momentos definidores, 174-80
papel da procrastinação, 177-80
papel das brincadeiras, 113-15
papel do medo, 185-6, 195-6
reação em cadeia, 96
reforços positivos, 70, 94, 95, 205-9
uma nova perspectiva, 40, 84
voltada à ação, 46, 104-5
processo de pensamento. *Veja em* fatores psicológicos
o valor de não fazer nada, 94-95
Cruz Vermelha Americana, 33-37, 59, 82, 191

Dell, 176
discussões em grupo, 20, 109, 116, 130, 137, 140-42
Disney, 66-67, 153

Eastman Kodak, 14, 112-13, 124-26, 159, 195-96
ego, 111-13, 122, 208, 209-11
embalagem, 47, 104, 198
emoção
    comoção, 124-26
    e a intuição, 100, 102

ÍNDICE REMISSIVO

e o inconsciente, 100, 107
paixão, 142
sentimentos pessoais, 204-05
universalidade da, 100, 120, 122, 125-26
execução de idéias
    aprender a procrastinar, 177-80
    evolução contínua, 196-00
    importância dos detalhes, 171-81
    obstáculos, 192-196
exercícios
    atividade física, 190
    sim-e, 70, 96
    usar os cinco sentidos de novas maneiras, 86
    visão de uma hora, 34
experiência pessoal, recorrendo à, 77-80, 114-15, 125-26, 204-5

fatores corporativos
    ambiente no escritório, 55-56, 58-63, 80-82, 84, 94, 204-11
    e-mail interno, 69
    estratégia de equipe, 64, 162-63, 203, 207-8, 209-11
    estrutura organizacional, 55-56, 62-65, 66
    fornecedores, 206, 207
    funcionários
        artigos reconfortantes, 103
        nicho dos, 83-85, 203
        respeito com os, 211-13
        responsabilidade dos, 63, 64
        treinamento dos, 63, 206-7
    imagem, 82, 153-55, 162-63, 167, 181
    incentivos, 63-64, 65, 205-6
    liderança, 80-82, 171-72, 205-11
    pesquisas, 40-41, 158-60
    prazos, 46, 65-72, 77
    processo de contratação, 205, 210
    processo decisório, 39, 46, 100-1, 104
    relações públicas, 144-47
    reuniões. *Veja* reuniões
    sentimentos pessoais, 204-5

títulos de cargos, 64-65, 210
visão, 31-38, 56
fatores culturais
    alinhando-se com a cultura, 12-13, 46
    autenticidade, 109
    beleza feminina, 142, 143-44
    jargão, 174, 178
    problemas pessoais, 61-62
    rito de passagem, 109, 140-141
fatores de gênero
    beleza feminina, 142-44
    competência feminina, 161
    instinto feminino, 102-3
    marketing para homens, 107-8, 130, 140-41
    marketing para mulheres, 41, 48, 101, 123-25, 142-44
    na comunicação, 103-4, 106-8, 206-7
fatores psicológicos
    atenção, 66, 94
    autocensura, 68-69, 70, 92, 95
    dos prazeres, 9, 12-13
    idéias 'tiradas do baú', 7-11, 31, 85-87
    mentalidade grupal, 130
    pensamento associativo, 76
    pensamento lateral, 7, 78
    pensamento não-linear, 75-77, 89
    pensar pobre, 190-92
    permanecer no presente, 31-38, 93
    problemas pessoais, 61-62
    receptividade, 114, 161
    rompa os conceitos comuns de gênero.
        Veja fatores de gênero
        confie em seus instintos. *Veja* intuição
        confie em suas emoções. *Veja* emoção
        deixe de ser bacana, 111, 117-20
        pare de bancar o esperto, 111-13
        pare de ignorar seu lado feminino, 103
        pare de ouvir, 106-8
        pare de pensar no negócio, 104-6
        quebre um hábito a cada dia, 86
        sua criança interior, 113-17
        verdade e autenticidade, 108-12
    uso do pensamento contra-intuitivo, 38-39

fatores sociais, 12-13, 39
Ford Motor Co., 41, 156, 180
French's, 91
fundo musical, 115-17, 124-25, 139, 167, 179, 197

Gap, 6, 180
GE, 67
General Motors, 179-80
Gucci, 5, 181

Hasbro, 146-47
Heineken, 56-57, 92, 108-11
Herbal Essences
  imitadores da campanha, 197
  limpeza corpórea, 59
  manual de instruções, 180
  xampu, 4, 12, 29, 45-51, 140-41, 190
Hewlett-Packard, 176-77
humor
  anúncios da Nice 'n Easy, 123
  anúncios Aflac, 20, 21, 23, 175
  anúncios da Pepsi, 178
  anúncios do Oil of Olay, 194-95
  no escritório, 82-83, 107, 205
  reputação do KTG por, 110-11

IBM, 38, 41, 76, 189
ícones, 13-15, 30-33, 109, 137-38
identidade da marca, 180, 197-99
improvisação, 70, 92-94
infância, memórias da, 77-79, 114-15
inovação, natureza da, 10-13
Internet, uso da, 11, 61, 69
intuição, 76, 78-79, 93, 96, 99-104
Ipsos-ASI, Inc., 21, 118

J. Walter Thompson (JWT), 211-12
  Burger King, 71, 177-78
  Ford Motor Co., 41, 156
  French's, 90
  Fuzileiros Navais Americanos, 140-41
  Kodak, 112-13, 159

Listerine, 188
Nestlé Toll House, 179
Nice 'n Easy, 123
Toys "R" Us, 115

Kaplan Thaler Group (KTG)
  Aflac. *Veja* campanha Aflac
  Blimpie, 87-89
  cobertura na mídia, 43-44, 89, 111
  Coldwell Banker, 72, 167
  crescimento, 4, 203
  Cruz Vermelha Americana, 34-37, 82
  documentário sobre o, 37, 152
  espaço nos escritórios, 58-63
  ética da empresa, 16, 206, 212
  Genericorp, vídeo da, 164
  Herbal Essences, limpeza corpórea, 59
  Lane Bryant, 142-44
  liderança, 81, 82, 102-3
  Panasonic, 69-70, 165
  Parmalat, 77-79
  Pilot Pen, 42-45, 145-46
  Toys "R" Us, 59

Lane Bryant, 142-44
Life Cereal, 173
Listerine, 188
logotipos
  design, 13-14, 89-91, 108, 200
  identidade da marca, 180, 198-99
  simbolismo, 138, 139

M&Ms, 114, 198
marketing, 10-13, 55-56, 192
MasterCard, 101
Mattel, 11, 152
McDonald's, 6, 71, 140
medo, 40-46, 95-6, 185-86, 195, 212-15
mercado global, 5-6
Microsoft, 41, 152
Midas, 164
Miles Laboratories, 133
mLife, 132-33

ÍNDICE REMISSIVO

modismos, 111, 117-20
"momentos Kodak", 124-25, 216. *Veja também* Eastman Kodak
Motel 6, 174

Nantucket Nectars, 185
Nasa, Orbitador Climático de Marte da, 179
Nestlé Toll House, biscoitos 179
Nice 'n Easy, 123
Nissan, 140
Northwest Airlines, 159
Norwegian Cruise Line, 117-18
Nova York, 6-8, 176-77
Nova, 179-80

Oil of Olay, 194-95
Old Spice, 107
organizações sem fins lucrativos, 191
ouvir, 93, 106-8, 111

Panasonic, 69, 131, 165
Pantene, 29, 47, 173, 190
paradigmas
   e burocracia, 63
   improvisação para romper, 70, 92-94
   mentalidade de grupo, 130
   sabedoria convencional, 6-8, 30-31, 38-40, 47
Parmalat, 77-79
Partnership for a Drug-Free America, 111-12, 114, 135-36
Pepsi, 147, 178
Perrier, 10
pesquisas. *Veja também* discussões em grupo
   Ad Track, índice, 101, 124
   corporativas, 40-41, 158-60
   de produtos, 115
   etnográficas, 137
   papel limitado das, 129-31
   testes de recordação, 21, 50, 130
Pilot Pen, 42-45, 145-46
Pinto, 180
polidez, 68-69, 80-83, 206-7

PowerPoint, 157-58
prêmios, 22, 71, 91-92, 125, 174
presidentes, 23, 86, 120, 121-22, 132, 198
Procter & Gamble
   Dawn, 212-13
   fatores corporativos, 60, 61-62, 81, 146-47, 173-74
   Oil of Olay, 194-95
   Pantene, 29, 47, 173, 190
   Physique, 190
   Swiffer, vassoura, 12, 173-74, 212-13
   tinturas capilares, 130
propaganda política, 120, 121, 132, 198
público-alvo, 139-41

Quad/Graphics, 153

Ralph Lauren, 138
reconhecimento do nome, 14, 21, 39, 50, 130
Red Zone, desodorante, 107
reuniões, 45, 71-72, 80-81, 82, 93
Ruby Tuesday, 66, 188-9, 211

Sears, 161
sensualidade na publicidade. *Veja* Herbal Essences
simbolismo, 138, 139, 177
sim-e, teoria do, 70, 96
sobrecarga de informações, 3, 6-7, 11-12, 104-5
Sr. Cabeça de Batata, 146-47
Starbucks, 10, 13
status quo. *Veja* medo; paradigmas
subconsciente, 100, 107, 208. *Veja também* intuição
Swiffer, vassoura, 12, 173-74, 212-13

Tablet PC, 152
Taco Bell, 139
Target, 39, 186-8
televisão
   anúncios de serviços públicos, 33-34

223

CBS, 36
CNN, 12
o poder da, 152
PBS, 90
problemas de programação, 34, 86
remendos temporários, 32
The Diamond Trading Co., 200
Toys "R" Us, 59, 115-17, 173, 197

United Airlines, 87
United Jewish Appeal-Federation of New York, 138-39

Vanity Fair, 114
Velcro, 93

verdade, 109-120
Verizon, 133, 134
Volkswagen, 173
Volvo, 101-2

Wal-Mart, 39, 188
Wells, Rich, Greene, 55, 56-57, 92, 108-11, 176-77, 194-95. *Veja também* Herbal Essences, xampu
Wendy's, 32
World Trade Center. *Veja* 11 de setembro, atentados de

Zales Jewelers, 14

GRÁFICA PAYM
Tel. (011) 4392-3344
paym@terra.com.br

CADASTRO DO LEITOR

- Vamos informar-lhe sobre nossos lançamentos e atividades
- Favor preencher todos os campos

Nome Completo (não abreviar):

Endereço para Correspondência:

Bairro: Cidade: UF: Cep: -

Telefone: Celular: E-mail:

Sexo: F   M

Escolaridade:
☐ Ensino Fundamental ☐ Ensino Médio ☐ Superior ☐ Pós-Graduação
☐ MBA ☐ Mestrado ☐ Doutorado ☐ Outros (especificar): _____

Obra: **Bang! Uma Explosão de Marketing e Publicidade**
Linda Kaplan Thaler / Robin Koval

Classificação: **1. Marketing   2. Publicidade**

Outras áreas de interesse:

Quantos livros compra por mês?: ____ por ano? ____

Profissão:

Cargo:

Enviar para os faxes: **(11) 3079-8067/(11) 3079-3147**
ou e-mail: **vendas@mbooks.com.br**

Como teve conhecimento do livro?
☐ Jornal / Revista. Qual? _____
☐ Indicação. Quem? _____
☐ Internet (especificar *site*): _____
☐ Mala-Direta:
☐ Visitando livraria. Qual? _____
☐ Outros (especificar): _____

M.BOOKS

M. Books do Brasil Editora Ltda.

Av. Brigadeiro Faria Lima, 1993 - 5.º andar - Cj 51
01452-001 - São Paulo - SP Telefones: (11) 3168-8242/(11) 3168-9420
Fax: (11) 3079-3147 - e-mail: vendas@mbooks.com.br

DOBRE AQUI E COLE

CARTA – RESPOSTA
NÃO É NECESSÁRIO SELAR

O selo será pago por

M.Books

M. Books do Brasil Editora Ltda.

AC Itaim Bibi
04533-970 - São Paulo - SP

DOBRE AQUI

End.: ....
Rem.: ....